世界变局 新思维

汉斯彼得·杜尔（Hans-Peter Dürr）—— 著
高 然 —————— 译

石油工业出版社

内容提要

本书作者汉斯彼得·杜尔向读者展现了当下社会的扭曲——不管是战争、气候变化，还是经济危机——都是旧思想和遗留下来的旧世界观造成的严重后果。现在，转变我们的思维方式已经到了刻不容缓的地步！

现代物理的基本改革成果指明了一条通往适宜人类生存的未来之路——既具有多样性，又紧密联系在一起：自然与文化的多样性，人与人之间、人类与自然之间的亲密联系。汉斯彼得·杜尔，这位德国著名物理学家维纳·海森堡的长期合作伙伴、诺贝尔环境奖获得者，将他的著作整理成册——这是我们这个时代的伟大智慧遗产！

本书极具教育意义，适用于经济管理人员、科技工作者，也可供高校师生、科研人员学习参考。

图书在版编目（CIP）数据

世界变局新思维 / 汉斯彼得·杜尔（Hans-Peter Dürr）著；高然译.
北京：石油工业出版社，2020. 11
ISBN 978-7-5183-3220-5

Ⅰ. ①世… Ⅱ. ①汉…②高… Ⅲ. ①国际问题-研究 Ⅳ. ①D815

中国版本图书馆CIP数据核字（2019）第040388号

Title of original German edition: Warum es ums Ganze geht
by Hans-Peter Dürr
Published by Oekom Verlag

北京市版权局著作权合同登记号：01-2020-5671

世界变局新思维

汉斯彼得·杜尔（Hans-Peter Dürr）著　高然　译

出版发行：石油工业出版社
（北京市朝阳区安华里二区1号楼 100011）
网　　址：http://www.petropub.com
编 辑 部：(010) 64255933　图书营销中心：(010) 64523633
经　　销：全国新华书店
印　　刷：北京晨旭印刷厂

2020年11月第1版　2020年11月第1次印刷
740×1060毫米　开本：1/16　印张：13.75
字数：150千字

定　价：49.00元
（如发现印装质量问题，我社图书营销中心负责调换）

原书编者前言

许多人担心，数目纷繁的全球性危机和时代的动荡会逐渐掌控我们的生活，并且使之发生翻天覆地的变化。无论是战争、气候变化还是贸易战，都具有巨大的不确定性，同时也让人深感无助。过去用于促进发展与繁荣的有效手段已不再适用于当下。毋庸置疑，我们生活在一个不断变化的时代。

相对来说，我们面临的问题是根本与紧迫的：为什么气候变化不仅会改变自然，还会改变我们的社会？在未来我们能够承受怎样的生活方式？物质需求和精神需求又要如何得到满足？武装冲突会增加吗？人类为什么不能和平共处？人与人对抗时存在正义吗？人与自然对抗时又将如何？而谁又真的关心未来呢？

在对上述问题做出仓促的回答之前，我们可能要先抛开一个基本的偏见。本书作者物理学与哲学家汉斯彼得·杜尔如此认为："人们总是在19世纪的思维框架中思考，并坚信诡计和欺诈才能掌控这个世界。"本书很好地阐释了杜尔的观点，这位坚定而具有批判性态度的科学家以尖锐的方式指出，对自然和社会的“掌控”会使人误入歧途。不仅如此，我们还会经常面临无法掌控的状况。任何想要“掌控”的人，在采取行动时总是会忽视与自然、甚至是与自身天性和谐相处的多种可能性。“用参与代替统治”，杜尔的未来愿景即是如此，“涸泽而渔的时代已经持续太久了，现在是时候重新定义我们在整个自然界中的地位了。同时，我们应该意识到人类是作为一个整体中的一个部分而存在的。我们应该抓住属于自己的机会，让这个整体过程中的每一小部分都发光发热，从而让我们的生活变得更加丰富多彩。”

与此同时，汉斯彼得·杜尔呼吁我们每一个人都应该正视我们的责任。责任是基于认知以及全方位的感受而来的，它可以通过人与人之间的交流沟通而不断加强：对我们而言，一个令人欢欣鼓舞的愿景，一个有价值的未来，就在前方。

诚然，全球化的市场经济结构、国家以及国际政治结构、社会机构与公益组织结构并不会在一夜之间发生翻天覆地的变化。他们看起来像是“无生命”的对手，个人不足以与之抗衡。但是，在这些看似坚不可摧的庞然大物背后却是人类。正是这些可以影响到权力壁垒的人，才能够将权力壁垒改造成“绿色树篱”，使之在民主化进程中变得更加开放。

汉斯彼得·杜尔是受到了量子物理学影响的一代的科学家。作为诺贝尔奖获得者维尔纳·海森堡（Werner Heisenberg）的长期合作者，他能够感知并帮助塑造新物理学的轮廓，规划出新的“近距离”世界观。对他而言，这是对新物理学的两个基本见解，并且对于解决我们目前的问题来说意义重大。

一方面，物质不是由物质构成的这个认知令我们的世界观分崩离析；另一方面，自然界中万物间终将存有千丝万缕的联系，因此我们需要从这种普遍的连通性中进行思考并采取行动。汉斯彼得·杜尔的过人之处在于他成功地将他从新物理学中获得的抽象的见解应用在政治活动与个人的日常生活中，使之发挥显著的作用，并将这些抽象的见解图文并茂地表现出来。由于这种整体方法深刻地探讨了我们的思想、感受以及行为，所以它能够影响并帮助我们应对当今时代的种种挑战。

由于汉斯彼得·杜尔在日本、中国以及印度的巡回讲座的延长，本书的面世被再次中断。这位出生于1929年，在世界范围广受好评的科学家兼演讲家总是在前往讲演的路上。他有时做远程演讲，有时做现场演讲。对他而言，去学校做演讲的意义远大于参与商业高层演讲和参加政治会议。利用这些契机，杜尔将与决策者圈子交流对话的机会称为“感染”。

任何听过这位诺贝尔替代奖（Alternativen Nobelpreise）得主演讲的人，都会为他生动鲜活的论点所折服。

权力（《和平是可能的》）、原子能（《俄罗斯轮盘赌》）、面对资源消耗和气候变化、关注个人生活方式（《我们真正需要什么？》）这些中心思想贯穿了他的演讲和他的作品。这些作品的精神背景架构于现代物理学的科学发现，而迄今为止现代物理学几乎对我们理解现实和自然产生了极其重大的影响。这本书讲述了他思想的整体观点，也记叙了汉斯彼得·杜尔的思想背景，同时记录了他与汉娜·阿伦特（Hannah Arendt），爱德华·泰勒（Edward Teller），维尔纳·海森堡（Werner Heisenberg）以及米哈伊尔·戈尔巴乔夫（Michail Gorbatschow）等人的交往经历。

在过去的几年中，我们一次又一次地参与了汉斯彼得·杜尔的讲座和研讨。我们经常问自己，在他身上，有什么地方令人（尤其是年轻人）如此着迷？为什么有如此之多的人认同他在《充满爱与活力的交流》一书中的信条？也许汉斯彼得·杜尔说出了在我们的认知中被埋藏起来的部分，即：在这个世界上，存在的不只是人类所宣称的权力或是人类架构起的秩序，也存在着其他东西——一个可实现的愿景：一个团结和谐的社会。局域网和全球网络已明显与抗全球化冲击形成对抗，并在为我们文明的可持续转型做准备。汉斯彼得·杜尔帮我们找回了丢失的梦想，给了我们勇气并唤起我们的希望：我们有能力和平地解决现在与未来所面对的问题。

迪特林德·柯雷姆与弗豪克·林森堡

2009年夏 于慕尼黑

CONTENTS 目录

第四章 新思维如何引领行动

附 录

第一章

为什么我们必须承担责任

当我们团结合作时，每人需要肩负的责任将远小于各自为营的时候。

废墟中的世界——团结与合作

那是1939年9月1日，这一天希特勒突袭了波兰。我的母亲像往常一样从面包店取回面包，兴冲冲地返回家中："真没想到，面包师的助手应征入伍了，这个可怜人现在没有了帮手，他一个人可干不完这些工作。"在早餐桌上，母亲突然想到一个可以帮助这个患心脏病的乡村面包师的办法："彼得，你为何不去给他帮把手呢？"那个时候我只有10岁，然而第二天清晨5点，我还是去了面包店并努力在店里帮忙，直到该去上课的时间。这大约持续了几个星期，我为自己可以参与大人的工作而深感自豪。我的两个姐姐也认为这样很棒，她们也想出一份力。

很快我们便有机会如愿以偿。那时，我的母亲开始接管一个更大的"家庭"，"家庭成员"则是军人的妻儿。这些家庭中的父亲或是年纪较长的儿子，都已应召入伍，女儿们虽然都已经各自成家，但每周都会有几天去帮助那些负担过重的母亲。因此，每天围坐在午餐桌旁的往往不止我们兄妹6人。

正因为如此，对我而言，与这场可怕战争的开端联系在一起的却是一段非常积极的经历，它让我感到，孩子也会被成人的世界所需要并能够为之提供帮助。

我们住在费尔巴赫，这是一个位于斯图加特北部的小镇。我的父亲是斯图加特一所高中的数学老师。他的经历十分单纯：唯一的兄弟死于第一次世界大战，他又在战争的最后几周被征召入伍，在战争结束后的艰难时期里他参加了学校的补习课程，之后努力获得了数学学位。

父亲梦想着完成高中学业后继续读大学，却由于环境限制以及资金问题不得不就此作罢。我还记得在那时他与他的教授在柏林一起研究的科学问题令他如痴如醉。在坎恩施塔特和科尔塔尔15年的教育生涯中，他深受学生喜爱。即使在家中，他也努力为我们6个孩子提供良好的教育并悉心培养我们。每当他有闲暇的时间，他总是喜欢和我们一起打闹玩耍。

得益于缜密的心思和刚正不阿的品格，父亲成了符腾堡州文化部部长身边备受尊敬的顾问，这无疑意味着他事业上一项巨大的成功。但是我们这些孩子却付出了巨大的代价：直到1944年夏天入伍之前，父亲总是一大早就离家，很晚才回来。我甚至不记得我们之间进行过长时间的交谈——除了我14岁那年，父亲询问了我在学校的表现，还问了我许多生活上的情况。通过这次交谈，父亲忽然发现与他对话的孩子已经在战争中早早地成熟了。这次发生在1944年的对话似乎使我们两人之间的关系更亲密了，而不幸的是，这也是我们之间最后一次这样交谈。

我的母亲是家里的顶梁柱，这种情况在当时的中产阶级家庭中可谓平常。而不寻常的是父母亲的年龄差距（我的母亲比父亲年长7岁），以及他们悬殊的家世：我的祖父是一位极具艺术天赋的糕点师，而我的外祖父，埃米尔·克雷佩林（1856—1926），则是慕尼黑大学的教授，在当时颇有名气。他是精神病学科的创始人，并且建设了第一所德国国家精神病学研究院，也就是当今慕尼黑马克斯·普朗克精神病学研究所的前身。与三个继承父亲研究事业的姐妹们不同，我的母亲是一位十分顾家、充满活力并且热爱音乐的女性。她满怀激情，坚强且踏实，几乎独自拉扯大了六个孩子——两男四女，我排行第三。在母亲看来，参与社交活动至关重要，至少对于女性来说社交环境是不可或缺的。因此，在母亲看来，随着战争的开始建立起这种邻里互助模式，为承受着苦难的家庭提供支援的行动是一件再自然不过的事。

我们的家中总是飘扬着音乐，家里的每个孩子都会演奏至少一种乐器。我起先学习弹奏钢琴，之后又接触了小提琴，它成了我最爱的乐器。我们经常激烈地讨论与音乐有关的话题，家中不时也会上演由母亲精心编排的音乐小剧场，这种从童年时培养出的对音乐的热爱一直伴随我们至今。正是这样的家庭内部环境使我对于人与人之间的关系有了这样的看法：人们应当团结合作，互相支持，因为每个人都将从中受益，在彼此的支持下共同成长。

战争的恐怖

1943年，随着盟军开始对德国进行军事轰炸，学生和大城市的学校纷纷进行了撤离工作，进入安全区，这次保护儿童的疏散对许多家庭产生了重大的影响，我的家庭也不例外。在疏散前，我唯一的兄弟死于小儿麻痹症，我们兄妹五人，最小的只有9岁，最大的16岁，在1943年年中旬无奈与父母分开，与各自的班级一起，分别被疏散到5个不同的地方。我被疏散到了施文宁根。这次疏散使我和家人们天各一方，对于母亲来说，这无疑是一段苦涩的经历。1944年年中旬，母亲重拾家庭教师的工作。然而，塞翁失马，焉知非福：1944年年初，我家在费尔巴赫的房子被一枚空投炸弹炸毁了。

1944年春天，我16岁的同学们被征召进入防空防御系统，而15岁的我因为一岁之差留在了学校，之后很快被送回了斯图加特，并且在齐柏林中学度过了一段短暂的时光。我花了大把时间重修在轰炸中被炸毁的房子，然而后来发生的事证明这些努力只是徒劳。1944年，盟军对德国全境进行了持续一年的大规模军事轰炸，斯图加特和周边小城镇也未能幸免。在大规模的军队招募之后，我已然是留在后方的“男人”中“最年长的”一员，因此自然承担起了大部分救援任务。将绝望的人们从被炸的支离破碎的房屋或着火的防空洞中解救出来，将衣不蔽体，甚至是被烧得面目全非的尸体集中起来扔进集体坟墓。每当回想起当时的场景，我总会感到惊讶，是什么力量足以支撑一个15岁的孩子背着一具烧焦的成年人尸体在炮火中行走？可能像其他人一样，我们都在持续的冲击和震慑中变得麻木了。然而，求生的欲望产生了不可思议的力量，使我们在那样残酷的环境中生存了下来。

1944年7月，我们经历了可怕的斯图加特的轰炸（图1.1）：我们一家人——五个孩子和我们的父母—— 在轰炸开始的前夜刚刚在费尔巴赫的家中团聚，一起庆祝房屋的重建。几个小时之后，轰炸忽然开始了，一家人匆忙躲进防空洞。多亏邻居的帮助我们才从废墟中生还。我还清楚地记得我的嘴由于吸入了带有碎玻璃渣的空气而血流不止，然而有些人被救出来之后，顾不得自己的伤势便立即开始帮助那些仍然被埋在废墟中的人。让我感到困惑的是，我们这个好不容易重聚的家庭不久便再次分散开了，每个人都试图回到自己原来的岗位上去。我的父亲—— 一名参加过第一次世界

图1.1 “任何经历过战争的人都不会允许战争再次发生。”1944年空袭之下的斯图加特。

大战的士兵—— 几天后被召回军队服役。而我却无处可去了。

经过了几番周折，我在1944年年末通过父亲旧友的帮助进入了昆泽劳中学，一所以体能训练和军事演习为重点的寄宿高中。这对我而言是一段难捱的日子，我天生缺少运动细胞，无论与谁发生冲突，我总是忍气吞声的一方。作为惩罚，我被勒令在宝贵闲暇时间练习射击。然而我实在不是一个好射手，这可能是由于我从出生起就只用一只眼睛视物。无论怎么练习打靶，我的射击成绩都没有提高。不幸的是，所有这些我不得不参加的训练都让我感到痛苦，但偶尔也有让我感到快乐和受到关爱的时刻。特别是我的数学老师，一位曾教过我的父亲的老人，总是能以他独有的幽默安慰我。

能救一个是一个

随着战况愈演愈烈，15岁的年轻人也被要求加入民兵冲锋队[①]。昆泽劳中学的校长是我父亲的好友，将我视同己出，正是他为我找到了机会，使我躲过一劫。那时一个特别机构正需要几位数学和物理成绩出色的年轻“研究助理”，而我恰好符合所有要求。正是这个机会让我得以在1945年年初离开了这个压迫我的学校。由于一些我无从得知的原因，这个特别机构名为“秘密行动布吕歇尔2号”。它坐落在多瑙河畔里德林根附近的霍尔村的一座小城堡内。我们是一个奇异的小

① 人民冲锋队是纳粹德国在第二次世界大战最后阶段成立的国家民兵部队，其成员为16到60岁尚未被征召服役的健全男性公民。

队：一班15岁的6年级男孩和一班17岁的7年级学生，表面上伪装成民兵冲锋队守卫阿尔卑斯山战线。我们的老师全都不是纳粹党党员，队伍的领导是帝国青年领袖的高层代表，一位非常可爱的海军军官。我们每人收到了一本特殊的军事护照，护照上标识了我们对战争的重要性，并将我们列为“优先保护”的对象。此外，我们还得到了食品券，甚至还会得到重体力劳动津贴！早上，我们按照民兵冲锋队的训练内容，学习防坦克导弹发射器的操作方法。下午，我们用从斯图加特的学校运来的物理设备努力地搭建类似“未来的实验室”概念的试验设施，作为我们研发“奇迹武器”的基础。

那时我们并不知道，我们的这些工作其实毫无意义，整个项目都是海德堡一位物理学教授的一次非常大胆的行动，这位教授希望通过这种方式，在战争的最后阶段保护我们免受无意义的战争的伤害。直到战后，我才了解到这个特别机构蕴含的善意。可惜的是，这种英雄式的拯救行动只能让“布吕歇尔2号”中的少数人受益。1945年3月，盟军的坦克不断接近，我们迅速迁往慕尼黑以南的国王村。这次是一次性命攸关的行军，我们先是逃往南部，之后又去东部避难。队里的许多人（具体的数目我已经不记得了）由于行车困难而死于低空攻击。有一小部分人，包括我自己，曾经脱离大部队，开了一辆小卡车去肯普滕（Kempten）附近的一个军营购买生活用品，因此当大卡车被炸毁的时候我们因为不在车上而幸免于难。然而这次事件只是我们无比艰险的奥德赛式逃亡之旅的开始。为了避开空袭，我们一路步行，避开了阿尔卑斯山北部，经由菲森和彭茨贝格辗转到达了国王村。然而为我们准备的房间空空如也，只有一张纸条指示我们因斯布鲁克将是新的目的地。我们只能再次踏上旅途，先是经过伦里斯，之后推着我们的小卡车通过阿亨山口，再进入茵塔尔，最后终于到达因斯布鲁克。在那里我们才得知了希特勒的死讯，这消息对我们来说意味着战争结束了。

然而，我的父亲没有回来，1945年1月他在东部战线失踪了。因为哥哥的早夭，还未满16岁的我成了家里的顶梁柱。这是一份沉重的责任：一个母亲带着五个11—18岁的孩子，还没有住处。我们在费尔巴赫被炸毁的房子是我们能够开始新生活的唯一基础。

这是怎样的一个新开始！母亲在1945年夏末回到费尔巴赫时，从自行车上跌倒，造成盆骨多处骨折，只能卧床休养。不久之后，1946年1月，美国特工组织CIC以怀疑我是“狼人”组织[①]的成员为名逮捕了我，并在进行了一次意义不明的审讯之后就将我关进了监狱：一名16岁少年被关在一间阴暗的单人牢房内，只有高高的屋顶上的一个小天窗透进一丝光线。那时正值严冬，气温低至零下20摄氏度，我几乎被冻僵，因为被捕的时候我的厚衣服也被拿走了。由于寒冷，我整晚无法入睡。我曾尝试通过做深蹲来取暖，这样白天的劳累能够帮助我晚上在床上入睡。然而我立即被明令禁止在白天这么做，并且每隔半个小时

① 1944年开始发展的一项纳粹计划，目的是建立一支抵抗力量，当盟军进攻德国时在敌人后方行动。其宣传价值远远超过其实际成就。

我就会被叫醒并被要求站在房子里。我曾怀疑我的被捕可能与“布吕歇尔2号”有关，然而继那次的意义不明的审讯后，再未有人对我进行进一步的讯问。我开始担心他们遗忘了我，又或者他们只是想让我静静消失？谁知道我在哪里？我受重伤的妈妈怎么样了？她知道我在哪里吗？

不久我的一位同样参与了“布吕歇尔2号”的好友也被关了进来。大概由于他做了充足的准备，在讯问中聪明地展现了自己的口才，再加上几分好运，14天后，我们被无理由释放了。总而言之，我已经受够了这一切。也难怪我对于战后美国人对我们进行再教育的尝试感到无动于衷。我被强制一遍遍地观看关于集中营的影片，“看，那就是你干的好事！”这样的指责也使我感到愤怒。我的心中充满了怒火：你们卑劣下流，我们在悲痛中埋葬被你们炸死、杀死的同胞，而你们却跑到我们这里，享用着丰盛的食物，看着我们忍饥挨饿，还要教我们如何做正直善良的人！那时我的心中没有丝毫负罪感，也不觉得有任何理由应该感到内疚。我对那些人的虚伪深恶痛绝，心里压抑着一股怨气。

知识就是力量——爱德华·泰勒和核弹

战争的结束以及随之而来的狼藉萧索令我一度陷入低迷和沮丧。我们牺牲了自己的青春，经历了可怕的死亡和破坏。我失去了很多挚友，没有人知道明天该如何继续。随后有人还会被视为犯罪分子。16岁的我内心已变得十分沧桑，甚至已经准备好接受这种生活。那时我发誓不会再相信成年人了。在父亲入伍之前不久，我曾与他进行过一次激烈的讨论，然而现在，我却无法再问我的父亲更多问题了。他于1945年1月在东线战场上去世——然而直到3年后我们才得知这个消息。我也不再相信我的母亲，并不是因为不信任，而是因为我觉得她——这个令人敬佩的勇敢的女人，已经失去了自己的方向。

由于缺少建议又迷失了方向，我下定决心，在我的生活中只做可以自我测评和监管的事情。由此我决定，如果有合适的机会，我就学习物理：我想知道是什么把这个世界凝结在一起的！想从自己的视角来理解一些对我来说依旧神秘与未知的事物，这些基本上可以通过实验与数学计算得出解释与客观验证。将物理划分到自然科学的依据与我的生活主旨恰好相同：我想走出自己的生活轨迹，靠自己来判断什么是可以相信的，自己来认知事物的真实性而不只是空谈。

1951年秋天，前往英国帮助人们收割农作物成了我的第一份出国经历，这份经历对我来说具有极其积极与深远的意义：我们印象中的敌人变成了可爱可亲的朋友。我们的视野得到了拓宽，通过合作和劳动，来自世界各地的人们互相了解并成了朋友。“为什么会有战争？”我问自己。在英国经历的这段时光给了我启发，现在美国成了我的下一个圆梦目的地，这也因为我想撕下贴在我身上的敌人标签。在那时看来 ，这样一段旅程似乎是无法实现的。

然而事情出现了转机，在1953年指导我博士论文的教授，很早之前就与加利福尼亚大学伯克利分校有联系来往，他建议我申请那里的瓦特罗威奖学金。这个奖学金不仅面向那些希望在德国学习的美国人，也面向那些想要在伯克利分校进行为期一年深造的德国人（然而这一项目在战争中被悄悄遗忘了）。我获得了加利福尼亚大学的奖学金和富布莱特奖学金，这足以为我的远洋客轮买单。在美国度过为期一年的学习生活后，我完成了关于核磁共振实验方向的毕业论文。由于先前我在海德堡进行了理论核物理的研究，借此我才得以敲开博士殿堂的大门。

但是令我感到万分挫败的是博士论文的研究方向：据美国驻斯图加

特的领事所说，核物理学家需要得到特别许可才能进入美国。在我看来，这是一个误解，因为我的工作与核武器之类的东西没有任何关系。无论如何，所有核相关的研究在德国都是禁止的。好在这个苛刻的门槛并没有让我的工作化为泡影，只是让它延期了3个月。塞翁失马焉知非福，这种令人沮丧的拖延最终却为我提供了一个改变未来计划的机会，即在伯克利而不是在海德堡攻读博士学位。无论如何，只有付出大量的努力，这个"顽皮"的决定才会让我的人生走向一个完全不同的方向。

爱德华·泰勒和核弹

我在延期到达加利福尼亚大学伯克利分校之后，便立刻开始寻找博士生导师。1953年12月，我在位于物理系乐康特大厅的办公室里第一次见到了爱德华·泰勒（图1.2）。据我所知，他刚刚被派往伯克利分校当教授，因此手下还没有博士生。当时，伯克利分校是物理学研究学习最有趣也最令人向往的学府之一，在很大程度上是由于那里建造了高能质子同步稳相加速器，这是一种高能粒子加速器，为发现预测的反冲击波提供了实验条件。正如科学家的预测一样，在1955年反物质重粒子被制造出来，由此获得了诺贝尔物理学奖。因此，伯克利分校很受想要在这一领域读研究生或是博士生的年轻科学家青睐，但是找到一个博士生导师并不是一件很轻松的事情。

那时我对爱德华·泰勒这个匈牙利犹太人还不甚了解，只是听说他来自芝加哥，也曾与罗伯特·奥本海默（Robert Oppenheimer）这个我已经有所了解的人合作过。但是当我听说在1930年泰勒在莱比锡的维尔纳·海森堡那里获得博士学位时，我特别兴奋。当我在德国时，海森堡的量子理论就令我如痴如醉，作为学生，它对我而言又是一个充满吸引力又难以解答的谜题，它也是我学习物理的一个原因。

图1.2 “人所掌握的知识都能转化成现实的力量。”
这就是物理学家爱德华·泰勒（1908—2003）的信条，在20世纪50年代中期，他是汉斯彼得·杜尔的博士生导师。照片为他在1958年担任劳伦斯利弗莫尔国家实验室主任，该实验室主要致力于氢弹的研发。

我和泰勒的第一次对话氛围十分融洽，谈话是在他的主导下用德语进行的。他想了解我在德国的战争时期经历了什么。我们很快就谈到了深受他推崇与尊敬的科学家海森堡。他立刻问我是否知道1941年秋天海森堡与玻尔在哥本哈根谈话的任何事情（见下文），这也将我们的讨论引导到了政治层面。然而，直到1958年我与维尔纳·海森堡进行第一次私人接触后，我才回答了泰勒的具体问题。

① 第二次世界大战期间研发与制造原子弹的一项大型军事工程，由美国以及给予相关支援的英国与加拿大执行。

其他参与曼哈顿计划[①]的物理学家，其中包括罗伯特·奥本海默，最初对我表现出明显的抵触甚至是厌恶。然而爱德华·泰勒在与我的会面中并没有因为我是德国人而对我有所保留，对此我深表感激。

当我达到大学的入学要求后，泰勒就接收了我作为他的博士生。他还赞同了我自己选择的研究方向——关于抗核剂对原子核中力的影响的理论研究。然而，大学对博士学位的要求比我想象的还要严格得多，虽然我已经拥有了德国的物理学文凭，但我还是必须通过所有重要的本科生科目考试才能获准毕业。除了咬紧牙关硬着头皮上以外，我没有任何办法，最终事实证明，这些考试也没有那么困难。

起初我并不知道爱德华·泰勒还参与了在洛斯阿拉莫斯开展的美国曼哈顿计划，那是美国在战争期间研发原子弹的地方。由于泰勒在加利福尼亚州与他的同事兼主管罗伯特·奥本海默发生了分歧，他搬去了加利福尼亚，以便在加州大学利弗莫尔建立一个新的核武器实验室。奥本海默是美国籍德裔犹太血统物理学家，在1943年到1954年间负责洛斯阿拉莫斯的科学工作。

上述情况，我在到达那里三月后才知晓。我于1954年3月初的一天早晨到达了物理学院，发现我的同事都兴高采烈。我问他们在庆祝什么，他们说：“我们的孩子出生了！”我问孩子的父亲是谁，他们说：“我们都是，甚至还有更多呢！”所有报纸的头版都在大大的照片中给出了答案：太平洋比基尼环礁的“布拉沃（Bravo）”原子弹爆破试验结果超出了所有人的预料，正如后来人们所知道的那样，这是第一次可运输“氢弹”的成功点火，这是一种核聚变炸弹，其破坏力比广岛和长崎的核裂变炸弹高出2000多倍。它应该至今仍是美国引爆的最大的原子弹。

我完全被“比基尼”事件震惊了。那时，我的处境在我自己看来是荒谬的，几乎如同命运的讽刺：在经历了恐怖的战争时期后，我决心致力于研究哲学导向的远离强权政治的自然科学，然而我却走到了自然科学与强权政治最密不可分的节点——在核物理学中，物理学家和技术人员开发出了卓越的对人类具有极大威胁的大规模毁灭性武器。然而泰勒，我的导师，还是他们的主要成员之一！他当时甚至被称为“氢弹之父”，还因此公开庆祝。

现在我意识到，泰勒搬迁到加利福尼亚是为了在伯克利以东的利弗莫尔，临近洛斯阿拉莫斯的地方重建第二座基于聚变炸弹的研究设施。1952年11月，他们在太平洋埃尼威托克环礁上进行的“麦克（Mike）”测试大获成功。由于这个炸弹的尺寸过大，甚至不能被称为炸弹。但原则上来说，这项实验证明了这种超级炸弹的可实现性。炸弹“麦克”是他们的第一个实验结晶，并取得了巨大的成功。这项实验从一开始就是秘密进行的。埃尼威托克因为这次实验被摧毁了。1954年3月由罗伯特·奥本海默担任科学总监，在比基尼环礁进行的爆破更像是一场在洛斯阿拉莫斯开展的竞争，他们同样为成功公开庆祝。

这些事情令我十分震惊，在“大获全胜”的比基尼测试后我找到爱德华·泰勒并问他：“你为什么还要制造炸弹？大战已经结束了，经历过战争的人都不会允许战争再次发生。”他回答道：“现在我们拥有一个独一无二的机会去实现世界和平：如果我们的军事力量是世界上最强大的，并且直到未来都能保持超过世界其他地区的一倍，那我们就可以始终拥有和平了。”我对他的回答感到无比震惊，并提醒他我刚从德国过来，而这些话听起来很耳熟。他强调，他的出发点是那些最好的军队而不是什么其他的杂鱼组织。而这正是让我恼怒的原因：哪些拥有最强力量的人会不认为自己是代表正义的呢？他说我在政治方面的眼光太天真，而我却认为在他的视角来看待这一切才是天真的。他只接受我的看法：对于这个问题我们有不同的理解！而这正是他的问题所在。

那时我并未与爱德华·泰勒分道扬镳。我的研究项目与核武器无关。然而，在我与核武器设计师3年多的密切接触中，我在惊惧和悲哀中认识到，在这个行业中工作的这些聪明绝顶而诚实的人们，他们在科学和人文方面都是值得结交的好朋友（他们也是我的朋友），然而他们自身似乎与自己的工作完全保持一致，并且意识不到他们行为的本质是内在矛盾的。

对于泰勒来说，正如英国哲学家兼政治家弗朗西斯·培根（Francis Bacon）在400多年前所言，知识就是力量。人所掌握的知识都能转化为现实的力量，而科学知识只有通过可靠的实践才能得到证实，这就是泰勒的信条。泰勒毫不犹豫地将这一原则应用于当前的政治和新型武器的研发。他认为，知识作为一种权力，应当被掌握在“善”的手中，以控制“恶”。我为泰勒的这个天真的观点感到震惊。但泰勒却不以为然，他认为自己足以明辨黑白。但他忘记了一点，那些以“善”为名的权力在实践中往往会失去其“善”的本性，历史的经验告诉我们事实通常如此。

一旦出现转化为权力的可能，科学便失去了其纯粹性。过度强调知识与权力的关系让我们忽略了事实的全貌，那就是知识不仅能指导行动进而产生权力，更能开启心智，为人们指引方向，并搭建通往智慧的桥梁。知识只有在被视为可利用的知识时，才会被加以利用，发掘出巨大的潜力，以制造出“有创意的侏儒”［贝托尔特·布莱希特，（Bertolt Brecht）］般强力却服从人类意志的工具。泰勒认为，科学家在决定他为人类创造出的工具是否应该使用的问题上没有特别的发言权，人民科学家并不拥有他制作出的工具。这个决定只能由政治、国家以及作为人民和主权代表的政治家来做出。因此，泰勒并不反对几个政治家秘密地做出的对成千上万的人无差别地使用原子弹这一决定。这项决定对研发原子弹的科学家也是保密的，即便超过80%的洛斯阿拉莫斯的物理学家拒绝投放广岛原子弹。

泰勒曾是我的导师，我非常尊敬他，但我从未将他视为人生导师或是偶像，也不会将他的话视作至理名言。我们的观点和见解总是大不相同，这导致了我们之间多次激烈的争论，但这些争论并不伤害我们的感情。在我心中，泰勒就是科学丧失无辜性的标志。就第二次世界大战结束后的军备发展问题，我无法与泰勒交流，更不用说同意他的观点了。

我在伯克利的工作与武器研发毫无关系，而我与爱德华·泰勒进行的最频繁的学术讨论还是关于核物理学以及物质和反物质的基础性问题。泰勒曾获得修辞学硕士学位，他用词简洁，比喻富有想象力，表达生动。他倾向于放大能力和判断的确定性，并颇具说服力，因为他通常能把对话变成一次下棋比赛。跟他谈话绝不是一件轻松的事，因为他几乎不给对方时间来充分阐释自己的论点。就好比一个人刚有机会完成一个动作的前半部分，他便立即大声打断他："对不起！我不知道你想告诉我什么，让我告诉你你想说什么！"结果就是，我们的大部分谈话都成了他的主场比赛，并且他有更大的概率获胜。即使这样我们还是经常交流，讨论那些似乎无法解决的问题使我们感到快乐。好几个晚上我们一起进行钢琴三重奏。泰勒是一位优秀的钢琴家，我和另一位物理学家用小提琴和大提琴与之相伴。有时候他如此沉浸其中，甚至没有注意到自己已经和我们脱节。

之后我与泰勒的人生道路又一次次地交汇。20世纪80年代初，他是美国总统罗纳德·里根（Ronald Reagan）部署的SDI战略防御计划[①]的坚定支持者。泰勒认为这个防御体系将是结束冷战的关键所在。在1997年11月我最后一次访问斯坦福大学时，泰勒大力宣扬他的"知识就是权力"的论点，他认为要以非暴力手段结束不断升级的东西方冲突，决定因素就在于他向里根总统提出的战略防御计划

① 美国在20世纪80年代提出的一个军事战略计划，目标为建造太空中的激光装置来作为反弹道导弹系统，使敌人的核弹在进入大气层前被摧毁。

（SDI）使经济上弱势的苏联最终败下阵来。

终其一生，泰勒一直是共产主义的激烈反对者。而用他的话说就是：“我不是反共，而是反俄。我的叔叔告诉我，在1848年至1949年匈牙利独立战争期间，正是俄罗斯人联合奥地利最终挫败了匈牙利的民族解放革命。”让我很惊讶的是，不久之后，他又以同样激烈的态度反对于1980年登上德国政治舞台的“绿党”。他认为他们是对科学和技术进步构成极大威胁的敌人，甚至认为他们是新纳粹分子。他称我为“民粹主义者”，因为我致力于和平与可持续发展。他认为这是试图轻易地得到群众的爱戴，而他则与之相反，因为他坚持个人隔离的基本原则。

恶魔与天使——泰勒与奥本海默的争端

无论是在物理学家还是普通人眼里，在爱德华·泰勒和罗伯特·奥本海默的争端中，泰勒都扮演了魔鬼的角色，而奥本海默则是天使。然而在我看来，秉持着人道主义者基本人格尊严不受侵犯的观念，这两位科学家的行为都是我所不能理解的。1964年爱德华·泰勒访问慕尼黑期间，傍晚时间他想要去剧院看剧，恰逢海纳·海普哈特（Heinar Kipphardt）的《奥本海默事件》在慕尼黑剧场上映。泰勒从未听说过这个剧本，尽管他的妻子担心别人会认出他，他还是坚持去剧院一探究竟。我只好陪他去了剧院，看完后我问他是否喜欢这个剧本。他笑着说：“我很喜欢，剧本写得很棒！我确实是恶魔，但你不得不承认，奥本海默的确越来越糟：他是个骗子！”泰勒的性格从中可见一斑，他不喜欢平庸。

罗伯特·奥本海默和爱德华·泰勒之间的争端仅次于他们对氢弹的不同意见。人们都知道，奥本海默对于在他领导下的科研小组创造的原子弹在广岛和长崎表现出的巨大破坏力感到沮丧，对于泰勒进一步研发比原子弹杀伤力强1000倍的核弹的计划，奥本海默并不支持，甚至想阻止他的计划。究其原因，奥本海默认为泰勒和他的研究小组最初建立的聚变模型以及基于该模型开发并“成功”测试的“麦克”导弹更像是固定的小型工厂，而不是小型的可由飞机或火箭投送至目的地的超级炸弹。4年后这一概念随着洛斯阿拉莫斯实验室研制出比基尼炸弹而宣告实现，这一项目的支持者之一就是奥本海默。

导致奥本海默和泰勒争端的主要原因是威斯康星州共和党参议员约瑟夫·麦卡锡（Joseph McCarthy）时期的紧张气氛，他被指控为20世纪50年代初对共产党渗透最严厉的迫害者之一，他的审查对象不仅包括政府机构和军队，更将科学界囊括其中。在第二次世界大战结束时，曼哈顿计划的一些重要成果被出卖给了苏联。奥本海默由于在早些的经济危机期间曾与共产主义团体有所接触，20世纪50年代初麦卡锡集团对其进行了所谓的“反美阴谋”调查，其实是为了掩盖他与“左派”的接触。由于泰勒提供的负面证词，这次调查将奥本海默认定为具有“安全风险”，并将他于1954年从所有国家和安全相关的办公室中除名，直到后来在约翰·肯尼迪（John F. Kennedy）总统的帮助下才为其恢复名誉。

让我感到惊讶的是，我感觉自己与爱德华·泰勒的关系越来越紧密，即便我们的观点截然不同，并且我们的人生方向、对事物的看法以及价值观之间的分歧也随着时间的推移越来越大。我非常感谢爱德华·泰勒，不仅因为他在我1957年返回德国时给予的支持，更重要的原因是他一力促成了我与维尔纳·海森堡的合作，这是我自1946年以来一直梦寐以求的。

但在此之前，我必须与另一位女士见面，正是她使我在短短14天内找到了内心的平衡，她就是汉娜·阿伦特（Hannah Arendt）。

压抑与负疚——汉娜·阿伦特与责任之路

在加利福尼亚州的第二年，我遇到了哲学与政治学家汉娜·阿伦特（图1.3）。那时她49岁，比我年长一辈，在20年代后期从德国著名的埃德蒙·胡塞尔（Edmund Husserl）、马丁·海德格尔（Martin Heidegger）以及卡尔·雅斯伯斯（Karl Jaspers）的哲学流派中脱颖而出，是一位天赋异禀的科学家。1933年，作为一个犹太人，她不得不移居巴黎。她亲身体验了在德国这样一个拥有优秀的社会精英的国家里，政治权力是如何退化为最严重的反经营阶层的极权主义统治的。1955年在伯克利分校，她有机会作为客座讲师讲授政治理论，特别是关于

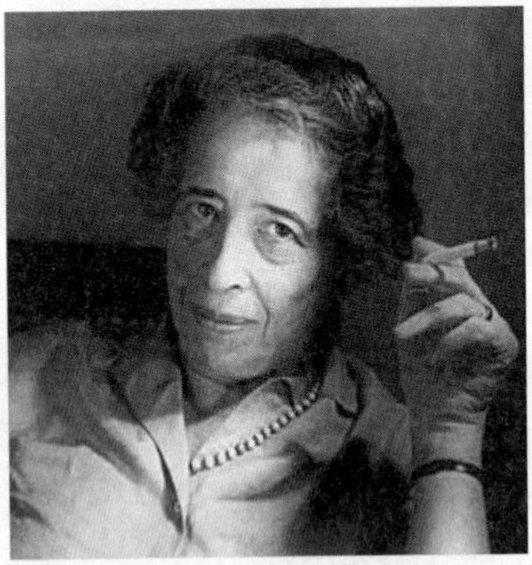

图1.3 “你必须有所行动，你必须成为一名前沿工作者。”
汉娜·阿伦特（1906—1975），德国籍犹太哲学家兼政治学家，在移民到美国之后，教授极权主义的起源，曾在加利福尼亚大学伯克利分校任教。

极权主义。1951年，她在美国出版了广受好评的《论极权主义起源》一书。

我申请旁听她的“当前时代的基本政治经验”高级研讨会，因为我想更多地了解暴政和极权主义，她立即高兴地同意了。除了她那令我十分着迷的演讲，研讨会中的其他细节我已记不清了。吸引我的倒不是她的演讲风格，与伯克利的师生之间那种轻松却不失礼貌的直接亲切交流不同，演讲时她看起来有些紧张，让人感觉有些难以接近，演讲期间她吸了一支又一支烟。

然而她的博学多识和丰富的经历给我留下了极其深刻的印象。汉娜·阿伦特的中心论点是希特勒的集权统治以及他的暴虐行径是如何在德国得以推行的。在离家万里之遥的加利福尼亚州，这个问题将我带回了那段沉重而冷酷的往事。在战争结束后的8年里，我还从未遇到过任何一个可以与之平静谈论那段往事，并且可以分享自己的经验和想法的人。更令人惊讶的是，汉娜·阿伦特很快找到了我，这位神经紧张的探寻者，与我一样在寻找问题的答案。一般在研讨会之后，我都会陪她回到她曾经的住处——女子俱乐部，然后与她探讨无数的问题。

责任——视角的问题

在汉娜·阿伦特的研讨会上，两个促使我摆脱固执和孤立的论点使我尤为记忆深刻：“作为侵略者社会中的一员，我们个人应承担的罪责通常远远小于外界在事后强加给我们的。而另一方面，我们每个人应承担的罪责其实远比我们意识到的要大得多。”

这种两面性的说法，突然为我打开了大门。作为一位在自己曾经深爱的德国遭遇了苦难的犹太女人，她向我讲述了那段在德国度过的充满激情的岁月，而这段我也曾拥有过的经历使我恍然醒悟：“是的，我记得那段时光！我怎么等了8年才重新正视以前的生活？”

汉娜·阿伦特的第一个论点使我不必再将自己视为一个罪犯。是的，我属于一个国家，这个国家在我不知情的情况下做出了残忍和罪恶的事，而作为一个15岁的孩子，我对这些罪行能够真正了解多少？我的直观感受是什么：在那段直接面对苦难、死亡与毁灭的经历中感受到的那种强烈的痛苦，绝非没有亲身体验过的人可以想象。更可怕的是，这些骇人的场景已经凝聚成一幅幅鲜活的画面，在我们的脑海中挥之不去，它们不时地出现在我的梦里，每当我有机会与人谈起时便会浮现在眼前，阻止我敞开心扉。只有在真诚的对话中，我们的感性和理性才能与对方形成共鸣，并且能够真挚地关心对方；只有在双方都投入感情的对话中，我们才能找到有意义的答案。而我已经有许多年没有与人进行过这样的坦诚交流了。在战争年代，我们的口号是“集中精力完成分配的重要任务！不要多说，敌人会听到！”在那时普遍的不信任和恐惧的氛围中，真正的沟通受到阻隔，战火将痛苦变成了不闻与不敬。

因此，第一个论点解放了我，是因为它让我得以重新自由呼吸。但我认为第二个论点更为重要：我们应承担的罪责比我们意识到的大得多。为什么呢？从我们的长谈中我总结出以下原因：我们应该更加自责，因为在这场灾难初露端倪的时候，我们没有尽早也没有尽力阻止它的发生！我们不会为了没能阻止山谷中的雪崩而自责，因为面对它最终将掩埋我们这件事，我们无能为力。然而，当我们知道或者即便只是听说这里有雪崩的可能，却放任某人进入山谷从而遇难，那我们肯定有责任。出于方便或机会主义的原因，我们经常忽略那些应当、甚至必须引起我们注意的事件，一言以蔽之就是“走一步看一步”。我们试图淡化存在灾难性的后果的可能性，放任它继续发展。

当然，通常情况下要我们判断面对的究竟是一个有雪崩危险的山区还是普通的山区并不容易，尤其是在我们已经平安地在这个地带穿行了数次，虽然路途艰险，但又不至于危及他人的情况下更是如此。这时我们更应该提高注意力，更加小心谨慎。总的来说，如果我们只考虑出现在我们的视野中或直接出现在我们脚下的情况，就无法对整体的情况做出正确的判断；相反，如果我们想正确评估形势，就必须有意识地关注整体环境并了解全局。我们需要一个“全方位的重新定位”来让自己变得更好，在与他人的沟通中改变形象。

我与汉娜·阿伦特在当时的交流为我开阔了眼界，我开始了解社会政治问题的多元化和不同的价值观，这对我来说是我人生中的一个转折点。“你必须参与其中，你必须成为一名前沿工作者。”汉娜·阿伦特曾对我说：“人们可能不会喜欢你，觉得你多管闲事，但不要理他们，去做那些对你和其他人都很重要的事。”

如今回想起来，我仍然感到不可思议：短短14天的时间里，我完全变了个样，我变得无比乐观，积极向上，充满正能量。这都是因为我遇到了一个人，一个曾被驱逐并饱受苦难的犹太女性。纵使经历过不幸，她仍然能够同情她的“敌人”，理解他诉说的生活和痛苦，并在两周的时间内将他从自己的心牢中解救出来，给了他前所未有的勇气去开启有价值的新生活！

文化多样性与信心

与汉娜·阿伦特的这次相遇使我最终决定带着信念回到德国，就像我最初计划的那样。但在此之前，除了读取博士学位之外，我还在伯克利的国际大楼工作，那里工作和居住着来自各大洲的800多名学生。我在那里担任了两年学生代表，类似于申诉代表，负责组织文化项目。各种各样的语言，丰富多彩的文化，碰撞出绚烂的火花。我开始喜欢这种多姿多彩的生活——从那时起，我便决定要在这个更广阔的世界中生活下去！

在我工作的地方组织的内部活动中，我遇到了苏（Sue），一个年轻的美国姑娘，1954年她在巴黎逗留了一年后又回到了美国。1955年她来到国际大楼的时候还“未成年”（她当时还不到20岁）[①]，在我和其他人的帮助与鼓励下，她在大楼里找到了

① 德国只有20岁才能被称为成年人，18岁到20岁之间被称为年轻成年人。法律规定21岁以下的人都采用青少年法律，只有21岁以上才适用成年人法律。

住处。后来她就成了我的妻子。而在当时她还是一名音乐学生，一个充满朝气的女孩，知道自己想要什么。“负责管理音乐教室的是你吗？”“是的！”“那你能给我教室的钥匙吗？我需要用钢琴排练曲子，作为明天大学考试的前奏部分。”“不，那不行，只有办活动的时候才能用三角钢琴！”“但我需要它。”“不行，你想想看，要是每个人都这么做怎么办？”“不是每个人都想用它！”她最终拿到了钥匙，而我受到了上级小小的谴责。

每周五傍晚，大厅里会有来自世界各地的民间舞蹈表演。我的工作就是清理椅子并且调试音响设备。我总是站在舞池的边缘，开心地看着他们跳舞。有一次，苏走到我身边问：“你为什么只是看着？为什么不跟我一起跳舞？”“其实我喜欢跳舞，但我好像已经过了跳舞的年纪了。”那时我24岁，但感觉自己比实际要老几十岁，旁人也许也觉得我有些与年龄不符的严肃。然而，苏没有接受我的回答，她说：“不管你内心有没有那么老，外表上可是完全看不出来。”（与汉娜·阿伦特的对话应该会在以后提醒我这一点。）苏抓住我的手把我拉进舞池。她是对的，我几乎立刻抛开了那所谓的“几十年”，变得年轻、开朗、无忧无虑!

一起创作音乐、唱歌、舞蹈、谈论上帝和这个世界、在太平洋沿岸和内华达山脉远足，我与苏一起度过了越来越多的时间。在其中一次旅行中，我问苏，“你想要怎样的人生？”她答道：“我想为生活增添美——音乐、舞蹈、文学、花园、孩子、善良、快乐、爱——不仅为我的生活，也为周围的人和其他尽可能多的人的生活。”我回答：“太棒了！我想尽可能扩大自己的知识面，探索未知的事物，深入地了解那些不为人们所理解的事物的意义。我们可以这样做：我不断拓宽眼界，而你则用美填满这些新大陆。”这个提议几乎就是美好的求婚了。

由于她的童年和青春期都在四处奔波（她在西雅图、夏威夷、马萨诸塞州、纽约和加利福尼亚州都生活过一段时间），苏习惯于搬家，她满怀对冒险的热爱和自信，期待着搬到德国。我讲的“把煤从地下室弄出来”或“用洗衣板手洗衣物”的故事也吓不到她。我期待已久的计划是回到德国，但是我并没有取消回到西方之前那段漫长的、横跨亚洲的拜访好友之旅。她热情地与我一起规划行程，并为我们的旅游基金慷慨解囊。

苏的父亲不得不安抚他的社会主义老友，因为他的女儿偏偏嫁给了一名德国人。对他来说，这可能也是一种和解。苏的父母都以热情又温暖的方式接纳了我。我和苏在她的家人以及国际之家的朋友们的见证下举行了婚礼，他们都从各自的家中带来了不同的礼物。

一年后，也就是1957年的9月，我和苏带着装着吉他和讲义的行李，从旧金山西部乘坐日本货船“Koka Maru”号前往日本，之后又去了中国、泰国、印度、巴基斯坦、伊朗、伊拉克和土耳其，直到圣诞节我们抵达德国，与我的家人团聚。

我们两人都开始了崭新的生活，在接下来50多年的时间里我们羽翼渐丰，并逐渐拥有足够的勇气和力量来应对各种各样的挑战。

走出象牙塔——《哥廷根宣言》

在1956年的5月，一位当时还默默无闻的来自巴伐利亚的政治家到美国旅行。这个人就是弗朗兹·约瑟夫·施特劳斯（Franz Josef Strauß）。与他同行的还有来自海德堡的德国原子委员会的成员奥特·海克斯（Otto Haxel）。抵达美国后他们首先拜访了我的导师爱德华·泰勒。不仅因为泰勒会说德语，更因为泰勒跟随维尔纳·海森堡取得了博士学位，这使施特劳斯对泰勒产生了很大的兴趣。

泰勒与施特劳斯在伯克利的劳伦斯辐射实验室谈话时，我与海克斯都在场。一年前，施特劳斯被任命管理刚建成的联邦核事务部（也就是今天的联邦教育与研究部的前身）。该部门的任务是促进核能的和平利用。与此同时，在访问美国几个月后被任命为阿登纳（Adenauer）内阁国防部长的施特劳斯也有着军事野心。施特劳斯有两个明确的目标：一是核能的和平利用，二是最终实现联邦国防军武器的原子化。因此这次会谈的目的也就十分清晰了：施特劳斯看中海森堡不仅因为海森堡是一位敏锐的物理学家，在施特劳斯眼中，海森堡更是一位有极具潜力的炸弹制造者，战争期间他曾在柏林的皇帝威廉物理研究所领导了一台铀燃烧器的建造工作，这台燃烧器后来被撤离到海格洛赫。

命运无常，又恰好是这位弗朗兹·约瑟夫·施特劳斯，为我回到德国，来到维尔纳·海森堡身边铺平了道路。那时，维尔纳·海森堡正要从哥廷根搬到慕尼黑，以便与海因茨·迈尔莱布尼茨（Heinz Maier-Leibnitz）在那里一起建立一所核研究中心。海森堡那时研究的课题是物质的基本量子论，这正是我一直梦想着毕业后研究的物理学方向。对我而言，海森堡是一位科学家也是一位艺术家，他创造了一个矛盾的新理论，引发了我们对物理学以及对这个世界的认知革命。当施特劳斯向我提议："回到德国，到海森堡身边来吧。"我立刻回答道："好啊，我一定回去。"随后我们商定，我在美国再待上一年，完成在这里工作之后，施特劳斯就帮我争取德国奖学金，让我回国。

事情就这样进行下去了。在1958年年初，当我结束了与苏的一次小型世界旅行后，我带着爱德华·泰勒的推荐信，满怀着将要在海森堡那里学习的喜悦，回到了德国。而那时关于联邦武器原子化的讨论正如火如荼。

受挑衅的科学家—— 愤怒的政治家

1957年4月5日，在波恩举行的一场新闻发布会上，联邦总理康拉德·阿登纳（Konrad Adenauer）（图1.4）看似不经意地公开了施特劳斯所宣传的配备核武器的德国武装部队，其中有一段话是：

“战术核武器除了作为武器装备的一种更新发展外，没有任何更多的深意。不言而喻，随着武器装备的剧烈演变，我们不能放弃为我们的部队配备最新型号和最先进技术的武器……”

图1.4　“战术核武器除了作为武器装备的一种更新发展外，没有任何更多的深意。”在1957年4月5日的新闻发布会上，当时的联邦总理康拉德·阿登纳宣布为德国武装部队配备核武器，引起了德国联邦议院激烈的辩论。
图为在1957年5月10日的辩论会上，卡洛·施密特（Carlo Schmid）（社民党，SPD）发表演讲，坐在长椅上（左二）的是联邦总理阿登纳。

“战术核武器”——1945年8月6日在广岛投下的，带走了数十万人生命的“小男孩”也是一种“战术核武器”。随之而来的是科学家愤慨的呼声，也有许多科学家感到十分迷茫。“战争已经结束了。现在我们必须有所行动，那就是放下原子武器！”当时德国慕尼黑著名的核物理学家瓦尔特·格拉赫（Walther Gerlach）如此说道。

像其他许多核物理学家一样，他也隶属于原子委员会的核物理工作组。科学家们和阿登纳政府的接触是非常有建设性的，因为政府也在寻求并期待得到科学家的建议。

然而，当弗朗兹·约瑟夫·施特劳斯在1956年成为德意志联邦共和国的第一任原子能部长时，形势发生了变化。继1955年签订的《巴黎协议》之后，德国再次允许了核研究，施特劳斯全力支持这项新技术，并尽其所能将它推上“德国原子能委员会”的首要位置（他的野心在访问爱德华·泰勒时就可以看到）。从施特劳斯成为联邦国防部长那一刻起，科学家就开始怀疑他想要得到核武器。他将“红军”作为敌人的形象，并认为只有“现代武器”，即核武器，才能与之相对抗。

与之相对，一些后来签署《哥廷根宣言》的科学家已经在1956年11月表达了他们的保留意见：“在德国联邦国防军配备原子武器一事中，‘我们看到了对德国的危害，并且没有看到对任何人的益处’。”他们呼吁部长“公开宣布联邦共和国不打算生产或储存核武器”。施特劳斯对科学家干预政治的狂妄感到愤怒。另一方面，科学家的声讨在几个月后随着康拉德·阿登纳的一句“除了作为武器装备的一种更新发展外，没有任何更多的深意”而平息下来。

1957年4月12日，18位国际知名的德国核物理学家，其中包括4位诺贝尔奖得主维尔纳·海森堡、马克斯·玻恩（Max Born）、马克斯·冯·劳厄（Max von der Laue）和奥托·哈恩（Otto Hahn）（铀裂变的发现者，使核技术成为可能），联名发表了《哥廷根宣言》。当时在哥廷根大学任教的哲学家与核物理学家卡尔·冯·魏茨泽克（Carl Friedrich von Weizsäcker）组织并发起了这次行动：

“签署本文件的原子研究人员密切关注并为联邦国防军配备核武器这一计划感到担忧……因此，签名人深感有义务公开指出所有的、为专业人员所了解却并未为广大公众所熟知的真相……每一颗战术核弹……都能造成与第一颗广岛原子弹匹敌的破坏……今天，战术核弹可以摧毁一个小型城市，而氢弹的威力足以使鲁尔地区大小的区域变得寸草不生……”

政客们对这些反叛的科学家得出的政治结论感到尤为愤怒：

“对于联邦共和国这样的小国而言，我们认为眼下最好的保护与促进世界和平的方式就是明确地宣布自愿放弃拥有任何类型的核武器。无论如何，签名人都不愿意以任何方式参与核武器的生产、测试或使用。”

《哥廷根宣言》一经发表便引发了公众的强烈反响，整整一周的时间里，科学家的反对意见在全国性报纸上被广泛讨论。康拉德·阿登纳的内阁感到受到了背叛，尤其是因为没有一位科学家曾在此前与他们进行沟通。这种对政府“不服从”的现象从未发生过。弗朗兹·约瑟夫·施特劳斯只是简单地给出了“签署者缺乏对政治和军事背景足够了解”的评论。

然而，在《哥廷根宣言》之后，核物理学家们便对他们的政治活动失去了兴趣，他们表达了担忧并重新开始了他们的科学工作。

但《哥廷根宣言》是勇敢的一步。这是一个领域中最著名的科学家们首次一起走出象牙塔，介入了一场极具爆炸性的政治辩论，并给出了维护和平、反对核军备竞赛的明确立场。这是一场良知的起义。令我无比欣喜的是，我未来的老师维尔纳·海森堡也参与了这次政治干预。

第二章

为何科学无价

没有任何物理学家、生物学家、经济学家或化学家在政治上会比其他有思想的公民更加专业。

维尔纳·海森堡——哲学家、物理学家与楷模

维尔纳·海森堡是给予了我20年教导、令我无法忘怀的导师。我十分幸运能够以助理的身份与他一同前往哥廷根与慕尼黑，并积极参与“统一物质理论”的建构。这才是我一直以来的科学目标——而不是弗朗兹·约瑟夫·施特劳斯（Franz Josef Strauss）与维尔纳·海森堡合作开发的核反应堆。

20世纪20年代后期为维尔纳·海森堡工作并获得博士学位的爱德华·泰勒强烈建议我与有创造力的物理学家一起工作。然而，这样的话对我来说几乎没有必要，因为在我看来，海森堡宛如一个半神，不仅如此，那些在战争结束时与我年龄相仿又同样对科学感兴趣的人，也都是这样认为的。我们知道，维尔纳·海森堡在23岁时就成为理论物理学教授，并曾在哥本哈根大学以洛克菲勒学者（Rockefeller-Stipendiat ）的身份与尼尔斯·波尔（Niels Bohr）一起学习了一年。然而，我们对他了解甚少，对

于他的量子物理更是几乎一无所知。或许是因为“矩阵力学”“不确定性关系”或“量子场论”这些奇怪术语令我们望而生畏。因为这些东西太过晦涩难懂，在我们看来就如同来自我们想追寻的更好的世界的谜题。1947年，我第一次了解这些术语。当时，作为学生，我参加了斯图加特成人大学的原子物理学课程。当然，我对此只是略知一二。但为了弄懂这些知识，我决定学习物理学。在暑假，我骑着一辆破旧的自行车满怀热情地前往哥廷根，仅仅是为了去看海森堡，但那时海森堡并不在那里——我的自行车却因此彻底报废了。

海森堡的这种崇高形象与另一种截然不同的形象形成了鲜明的对比，这种形象常常被我在美国的同事和朋友提起——正如弗里曼·戴森（Freeman Dyson）所说，在他们看来，海森堡是一个“偏执狂”：一个做事追求更快更好以证明他的优越性的野心家，傲慢而能力不足，只解决最根本和最棘手的问题，因为他无法完成琐碎的小任务。而真正的科学巨匠则是要负担艰巨而细致的工作的人。因此在我返回德国参与我力争获得的与海森堡的共同工作之前，弗里曼·戴森劝我放弃这次工作。

1958年年初，当我第一次见到维尔纳·海森堡时，最令我惊讶的是他既不是一个半神，也不是一个野心家，而是与上述所说完全不同的人：年轻并且朝气蓬勃（他当时57岁），与我内心塑造的人物形象截然不同；他有责任心、善良、谦逊、富有艺术气息，这些品性与当提到“矩阵”和“量子场论”这些专业知识所带来的枯燥感和格式感形成了强烈的冲突对比。起初他表现得有些害羞，甚至有些尴尬。他礼貌地寒暄几句，但只要话题转向科学，这种羞涩就消失了。他热情地向我介绍他目前进行的研究。

与维尔纳·海森堡一起工作的日子

从1958年秋天从哥廷根搬到慕尼黑的这个研究所的第一天起，海森堡的工作风格就为人们所了解。海森堡通常在大约9点钟出现，首先他会有效地完成各种行政工作。他并不热衷于这种事，因此会尽可能用最少的精力来处理这些事务。但强烈的责任感使他不会敷衍了事，他的行政工作会一直持续到12点或1点左右，然后他就会满怀热情地投入到他的科学计划之中。大多数情况下，他会给我们这些员工打电话进行讨论或在他的研究室中与我们进行一对一的深入对话。这些讨论持续到下午2点左右，然后就会停止，因为家里人在等我们回去吃午饭。大家各自回家，带着彼此分配好的工作。

下午，海森堡通常待在家里，因为他需要专注地工作。下午5点左右，他会回到研究所参加我们的研讨会。

大约一个小时后，他准备进行第二轮讨论，他肯定会针对早上的内容提出疑问：“那么，它怎么样？”并且想知道他提出的这些假设、希望或疑问是否已被证实是可行还是不可行的。如果你不同意他的意见，你必须坚持下去，特别是强有力的反对论点，因为海森堡倾向于在他乐观的想法之上继续“建造”，而他的对手需要耗费极大的精力才能来“拆除”，这些谈话通常在晚上进行。然后，他会独自面对所有疑问和未解决的问题。在午夜前，他的同事经常会接到电话，然后又卷入一场学术争端。但这种思想之间的相互碰撞，这种想法、推测和证明的相互交流是很棒的。

“科学是由人类创造的。”这句话成为维尔纳·海森堡的主要作品——《部分与整体》的第一句话，并不是巧合。海森堡一再向我们这些学生和工作人员强调科学对话对他的重要性（图2.1）。特别是在富有创造力的初始阶段，他更喜欢口头表达而不是数学表达方式，因为初始阶段的想法是模糊的，比起精确的数学工具更适合做“触觉实验”。他自言自语，缓慢而专注地说话，经常闭着眼睛或仰望天花板，双手和手指一起张开。他在倾听时很有耐心，很少打断对方。谈话的核心通常是整理和解释某个共同的疑问。大家就像一起打一场乒乓球友谊赛一样，双方都小心翼翼地尽力确保比赛能够继续进行下去。

图2.1 洞察力敏锐，思维迅捷的科学家

诺贝尔奖获得者维尔纳·海森堡和汉斯彼得·杜尔（他长年以来的助手且是他继任者）在对话中。

所有的注意力都集中在真正理解的人身上，而不会由于他表达能力不足而故意为难他。他可能会结结巴巴，他可能会说的模糊不清，甚至是无法理解，而另一个人会猜测他想说什么，会用他自己的话，也就是用其他的方式重复一遍。所以常常出现的情况就是人们会高兴地说："是的，就是这样，这就是我的意思！"

我们很欣赏海森堡，因为他身上的那种不屈不挠的乐观主义很容易感染年轻人。此外，他有勇气走自己的路，秉持自己的信念，坚定不移，即使遇到挫折也不会气馁。他在研究、探索、理解和认同上给我们做了榜样。他教会我们当你为科研竭尽全力时，科学是非常激动人心而美丽的。

海森堡与铀反应堆的发展

我在与海森堡的多次交流中认识到，他是一个精神高度敏感、极具灵感、音乐细胞丰富并且创造力多样化的人。然而我相信，能看到这样的他的人很少。很多人认为，他在老年时十分害羞腼腆，这与那个被认为是一个有进取心、精力充沛、开朗并且依旧年轻的海森堡完全不同。然而，当我和他的对话或是在共同反思中出现矛盾时，年轻的海森堡就出场了。另一方面，他的腼腆柔和与他在战争结束后遇到的敌对气氛有很大关系，在这种氛围里他与同事们第一次新的接触，亲眼见到了尼尔斯·玻尔周围的现代物理学的诞生。

"我身上也肩负了一部分责任。"海森堡在这种情况下说过："我在换位思考这个方面做得不够好。对于我们许多人来说，战争的结束就如同一个囚犯终于从地牢中被释放，最终去拜访一个老朋友并且拥抱他。然而他却受到惊吓而退却，因为他认为你不是囚犯，而是狱卒。”

我在与海森堡的合作期间感受到了这种令人痛苦的敌对气氛：他的同事总是对他百般责难。

这是因为他被人们看作为一个在战争期间想要为希特勒制造核弹却因为专业知识不足而失败的物理学家。

1939年的战争开始时，海森堡还是一位年轻的物理学教授，他致力于研究现代物理学的问题，并因此在1932年获得了诺贝尔奖。随着奥托·哈恩（Otto Hahn）发现铀的裂变以及这种裂变的连锁反应的可能性，许多科学家意识到，与化学过程的能量相比，裂变可以将能量以化学过程数百万倍的强度释放。当时，对战争至关重要的原子核弹的幽灵被曝光了。在德国，位于柏林的凯撒·威尔海姆物理研究所面对着这些迫在眉睫的问题，这意味着这个研究所是从属于陆军武器办公室的。作为理论物理学家，海森堡只是核项目的科学顾问。对于所有涉及这个项目的物理学家来说，是否应该参加这场冒险是一个艰难的选择。海森堡告诉我，1941年他从理论角度研究铀反应堆，发现从原则上实现链式反应是可行的，同时也可以实现巨额能量的释放。然而，通过为期数周的理论调查，海森堡指出，即使从乐观的角度来看，想要组装一个炸弹，至少需要3年时间，耗时如此长久主要是因为可裂变铀同位素^{235}U必须要经过精炼——这与铀燃烧器这种能够缓慢产生能量的核反应堆不同。“这个结论对我来说是一个巨大的安慰”，海森堡对我说，“因为我知道，它会为战争组装一个炸弹，正如战争已经结束，而在不久的将来对战争进程进行的评估是毫无意义的。在这种情况下，我既不是勇士也不是防卫者，更不是原子弹的倡导者。”

由于海森堡的计算，军方指挥部意识到，在一年到一年半的时间内制造原子弹是完全不现实的。因此在1942年7月，凯撒·威尔海姆协会再次被剥离出去。随着陆军武器办公室的这一调整，研究所的研究委员会也发生了变化：从现在开始，尤其是在民用方面，所有建造的铀反应堆都投用于能源生产（与今天的核反应堆类似）。

顺带一提，这些变化都为英国特工所知，其后美国中情局也掌握了这些消息。然而，在美国洛斯阿拉莫斯参与曼哈顿项目并从事核裂变炸弹研制工作的核物理学家们并没有收到情报部门对这一变化的通告。

我不知道情报部门这样控制消息是否是为了让物理学家们在压力下加快研究进程。一些历史学家认为，对于许多美国高级将领来说，德国的炸弹计划并非是推动他们研制核弹的主要驱动力，让美国大力研制核弹的原因在于1941年12月7日日本对珍珠港的袭击事件。尽管有新的文件指出了这种关系，但我的许多美国同事都不愿意承认他们自己研究核弹的动机。相反，有些人将海森堡视作另外一位“本·拉登（Bin Laden）”，因为他为纳粹服务，并致力于发展和制造大规模杀伤性武器。

1941年的哥本哈根——与尼尔斯·玻尔的会面

1941年9月中旬，海森堡到哥本哈根进行了为期一周的访问。在那里，他和他过去的老师，他所尊敬的尼尔斯·玻尔教授进行了深入的交流——此次交流发生在1940年4月德国人占领丹麦之后，也是1941年6月苏德战争开始之后——此事引发了持续多年的争议，直到现在某些方面的争议还没有停息，因为进一步的解释是几乎不可能的，两位主角都已经辞世了很长时间，也没有证据记录下海森堡和玻尔之间至关重要的对话内容。

海森堡是在1941年9月被邀请参加哥本哈根德国科学研究所的德国科学家会议的。根据波兰核物理学家兼尼尔斯·玻尔的长期助理——斯特凡·罗森纳尔的说法，这个机构是由占领军建造的，意在改善丹麦与德国的关系。无论如何，这个讲座既邀请了德国科学家，也邀请了丹麦的学者。然而，当时这些讲座在很大程度上被丹麦人抵制。海森堡于1941年在德国研究所天体物理会议上发表了关于宇宙射线研究现状的讲座。期间他也表达了这样的观点："我们与斯堪的纳维亚科学界的关系现在非常糟糕。每个人都是一种有所保留且消极的态度。"丹麦的同事在研究所的午餐期间与海森堡非常疏远；玻尔传记作家亚伯拉罕·派斯描述如下："海森堡对德国向俄罗斯的进攻充满信心……他强调了德国赢得这场战争的重要性。"

赫尔穆特·雷亨伯格（Helmut Rechenberg），一位世界著名的量子理论史学家，解释了维尔纳·海森堡当时的观点，一位物理学家在当时那样的情况下就会拥有的观点：一位德国的机密人员在国外受到特别严格的关注，并且坚信第三帝国最终毫无疑问将会胜利。莱森伯格（Rechenberg）

是海森堡最后一位博士研究生，海森堡的文集的共同编辑者和“沃尔纳海森堡档案馆”的长期负责人。他在2005年发表的文章《哥本哈根1941和德国的铀项目性质》中详细记载和分析了海森堡在哥本哈根的访问细节。莱森伯格在文章中所说的内容，与我和海森堡在私人对话中，海森堡对那时的描述是相符的。

尼尔斯·玻尔和维尔纳·海森堡在某种意义上具有父子关系（图2.2）。海森堡在1941年9月与玻尔会面前的上次会面在3年前，所以就可以理解，他为什么一直在寻找新的拜访尼尔斯·玻尔的方法，并在必要时提供帮助；而且还可以就如何处理奥托·哈恩（Otto Hahn）和弗里茨·施特拉斯曼（Fritz Strassmann）于1938年新发现的铀分裂问题寻求他的建议。

图2.2　“与经典物理学相矛盾。”1926—1927年维尔纳·海森堡于哥本哈根尼尔斯·玻尔研究所讲学，通过两位科学家的讨论，提出了量子理论的“哥本哈根解释”。

一般认为，海森堡在哥本哈根的会谈并不只有一次，而是总共三次：一次是在他抵达哥本哈根的那天，与各自的家人交流；之后第二次是两晚之后，看来是“完全错误的”，正如海森堡在会谈结束后，与海森堡同样被邀请到哥本哈根的卡尔·冯·魏茨泽克所承认的那样。第三次与玻尔一家在临别前夜的会谈虽然出乎意料地和谐，却在大多数史学报告中被忽略了。

决定性的第二次会面，也就是与玻尔晚上的一次散步，仅仅进行了一刻钟就中断了，原因可能是有两件事情“出错了”：首先，海森堡认为他能像以前一样毫无困难地与玻尔沟通，但前提是两人的关系更近，而这在新的外部形势下是不可能的（特别是自从波尔得知海森堡在研究所午餐时对战争结果过度乐观的看法后）。

另一方面，尼尔斯·玻尔当时仍然抱有这样的观点——也是当时其他人所认同的——根本不可能通过核裂变进行能源开发。海森堡在谈话中提到，他认为这在理论上是非常可能的（但需要很多时间和“疯狂的努力”）才吓倒了他。

直到1948年，海森堡再次与玻尔在晚上一起散步时，他这样说：

> “我和玻尔开始讨论这个问题，问他是否认同物理学家有把原子能进行实际应用的道德权利。玻尔反问我，是否意识到原子能会在战争中被实际应用。我回答：是的，我知道。当我意识到玻尔说的话非常令人不安时，我补充道（正如我在整个战争中直到广岛为止的信念）：原子能起初当然只会给机械提供能源，用来制造炸弹需要太大的开销，战争应该会在此之前就结束，然后我重复了我的问题，关于玻尔是否相信我们德国科学家应该并且能够解决这些问题。令我惊讶的是，波尔回避了这个问题，他说

一年内所有国家的物理学家都在为战争工作，所以这也没什么可说的。玻尔没有把这个问题继续下去，但我有这样的感觉，他非常不安且不想和我讨论这个问题。我自己也非常不安，因为我无法理解玻尔的避而不谈。”

从尼尔斯·玻尔方面来看，迄今为止，就像莱森伯格在其文档中强调的那样，讨论主要来自二手报道，最可靠的可能来自他的儿子奥格·玻尔（Aage Bohr）和斯特凡·雷茨诺（Stefan Rozenol），他们都在1941年9月亲历了海森堡的造访。

所以奥格·玻尔写道：“在与我父亲进行私下谈话时，海森堡提到了军事使用核能的问题。我父亲的回应非常保守并且对于必须解决的重大技术难题持怀疑态度。但他记得，海森堡认为如果战争持续更久，这些新的技术就可能会决定战争的结果。”

玻尔还有另一份关于海森堡1941年访问的报道，这份报道来自俄罗斯物理学家尤金·费因伯格（Eugen Feinberg）。他提到尼尔斯·玻尔在1961年5月访问莫斯科期间所做的一次谈话。那时，玻尔在苏联科学院列别杰夫研究所和费恩伯格与圈子里的几位同事聊天，“海森堡认为希特勒的胜利是不可避免的。从海森堡所说的话中，我们得出了结论，希特勒得到了核武器。不然为什么胜利是不可避免的？”

关于海森堡和玻尔之间的辩论还没有结束，它再一次进入大众的视野，是因为2002年一封玻尔给海森堡的信件手稿被公开。信中玻尔认为海森堡想用玻尔的知识为德国建造核弹。此后不久，海森堡于1940年发出的一封信同样于2002年公开，从中可以看出，海森堡和他的密友魏茨泽克在这次访问中首先想知道的是，他们是否必须要帮助玻尔离开丹麦，或者至少他们能做些什么来保护玻尔的安全。因此，这两封死后被公开的信件也没有对玻尔和海森堡之间进行“完全错误”对话的理由提出任何最终的解释。有强有力的证据——在赫尔穆特·雷亨伯格（Helmut Rechenberg）的研究之后——表明玻尔误解了海森堡的言论，因为在谈话的时候，海森堡已经得出结论：仅仅因为时间原因，战争期间军事上的核能利用将是不可能的。

一些书中提出了这样的疑问：为什么海森堡没有利用在战争结束后直到1976年他去世的这段时间来解释这些事情？他对我说：“我写下了我必须说的一切。起初我添加了一些东西，有人说：他只是想保留一件白色的背心。我并没有这样做。我并没有责备自己，我不想一直受到歧视，好像我犯下了什么罪行一样。对我而言，有很多事情远远比对此进行争辩重要得多。”

维尔纳·海森堡于1976年年初去世。1970年底他已经69岁了，根据教授任职规则[①]，他不再管理马克斯·普朗克研究所，并将其管理职位转交给我。在此之前，我与他密切合作了12

① 对大学教授到达退休年龄后的一种特别制度。不再担任教学任务，但是还继续从事学术工作。保留教授称号。

年，这12年来我醉心于物理，整天思考物理问题并与他人进行学术讨论。每当遇到我们研究的基本量子场论的有趣话题时，我完全没有兴趣，也不愿将时间耗费在其他与研究无关的事情上。在这种条件下，我想促使自己在今后的生活中更加积极地参与社会时政的计划逐渐化为泡影。当我上任时，情况发生了一些变化，因为突然之间，我不得不开始处理行政事务，这成功地使我与“外部”世界产生接触，并使我“身陷囹圄”。另一方面，由于耗时的额外行政负担，更深入地完成我的职责就变得不太可能。直到1977年，情况才发生了变化：我开始在公共场合政治性地干预和平运动。在20世纪60年代初我回到了德国，正如我从汉娜·阿伦特那里学到的那样，第一步：我以科学家的身份对政治话题进行了表态。那是柏林墙的时代，也是埃贡·巴尔（Egon Bahr）和维利·勃兰特（Willy Brandt）的新的东方政治的开端。

变革中的世界——冷战，核能源与和平运动

我还在加利福尼亚的时候就认识了维利·勃兰特：1995年，他随一个德国社会民主党代表团（SPD-delegation）一同前往加利福尼亚大学伯克利分校的国际之家进行客访。因此我才有机会与他聊聊德国的政治问题。那时的政治内容主要是德国西部地区重新获得主权，同时西德在北约框架内的相关军事化问题也日益受到关注。这个消息令我忧心忡忡。

德国20世纪五六十年代动荡的政治局势最显著的特征就是国家的割裂以及首都的分离：柏林被苏联及其3个盟军部门包围；1961年，随着柏林墙的建立，东柏林与西柏林彻底分离开来。那时我也十分担心这一事态的发展，于是1961年当我在慕尼黑大学进行博士后研究时，我在要进行公开答辩的最后10篇论文中提出了十分大胆的看法："在东德建立自由生活秩序比统一更为重要。"但是院长阻止了我的公开答辩，他坚持要求我改写所有的论文，改到最后一篇的时候我已经没有时间了。

1961年也是维利·勃兰特和埃贡·巴尔（Egon Bahr）开始实践他们新的对东方政策的外交理念的时候。作为德国外交政策的一个目标，他们要求废除西方世界提出的“强权外交”，他们认为与东欧国家的接触必须在舒缓的气氛中进行。“以接近求变化”成了埃贡·巴尔和他新的对东方政策的口号。

我认为这是一种可行的方法，能够缓和两极分化，并将东西方的对立向合作的方向引导。这就需要我们在争端中找到共同点，而不是强调彼此间的分歧。这一方法意在寻求更多的开放性，进而一步步构筑信任，发现新的共同点，从而拉近彼此间的距离。

维利·勃兰特于1969年当选联邦德国总理，并任命埃贡·巴尔为他的国务卿，这为巴尔实现他的口号“以接近求变化”提供了坚实的基础。我们仍记得1970年12月7日的那一幕：维利·勃兰特在华沙犹太区起义纪念碑前下跪，以德国的名义为德国人所犯下罪行道歉。

两年后，1973年年初，我受邀参加在克里米亚阿卢什塔举行的一场重要会议，令我非常惊讶的是，我的同事们突然用德语与我交流，比英语还要流畅。当我问及为什么14年来（自1959年以来我定期到苏联进行学习并且举行讲座）我们从未尝试过用德语交流时，我得到了一个简单的答案：“在1970年我们重新建交以及维利·勃兰特的华沙之跪之后，我们又可以说德语了。”

① 君特·纪尧姆在1927年2月1日生于柏林，1995年4月10日死于勃兰登堡州梅基施—奥得兰县。他是东德国家安全部（史塔西）安插在西德的间谍，也是潜伏在西德政府中层级最高的东德间谍。1972—1974年他是西德总理维利·勃兰特的私人政治助理。他身份的揭穿在当时引起了整个世界的轰动，这一事件最终导致了维利·勃兰特的辞职。

1974年，维利·勃兰特由于令人震惊的纪尧姆间谍事件[①]辞职之后，由赫尔穆特·施密特（Helmut Schmidt）继任联邦总理。施密特从一开始就是核能的坚定支持者：他坚信，没有任何一个东方或西方工业化国家在未来的10年内能够承担放弃核反应堆的后果。如果放弃核能，联邦共和国的技术发展以及就业都会面临风险。然而，在波恩政府党派（在那时是自民党与社民党联合执政）之间达成一个能源政策的共识并不容易。20世纪70年代中期，正是联邦共和国最激烈的民权运动——反核运动时期。1975年，德国第一次大型的反核抗议活动发生在巴登社区维尔的核电厂的施工现场。抗议者数次成功占领核电站场址，并最终阻止了核电站的建设。维尔示威为以后的反核运动树立了榜样：从1976年的布罗克多夫，到1977年的卡尔卡，再到1985年的瓦克斯多夫抗议活动。最终，1979年的哈里斯堡/宾夕法尼亚州与1986年的切尔诺贝利核反应堆事故将反核运动推向了高潮，引起了社会各阶层的震动，使用核能的风险被认为是无法承受的（图2.3）。

1975年，也就是我在慕尼黑马克斯·普朗克研究所任主任第五年之际，赫尔穆特·施密特的一项请求通过马普学会会长之手送到了我的案头：面对党内希望暂停核能项目，公众抵制核能的呼声亦愈演愈烈的困境，他迫切地需要科研人员的支持来发展核能。于是在一封由马普学会、德国研究基金会与各大科研院所联名签署的公开信中，科学家们为核能作了背书：化石燃料终将耗尽，我们唯一的选择就是利用核能。作为科学家，我们已经从事多年核能的研究，我们知道核能的利用还存在待解决的问题，但我们可以向政府保证，一切尽在掌握之中。和平利用核能是一件好事，我们会证明我们所投身的这项研究能带来福祉。赫尔穆特·施密特应该感觉到他的科学家与他站在同一边。

图2.3　“使用核能的风险是我们无法承受的。”1986年4月26日切尔诺贝利核事故后科学家正在调查放射性辐射对鱼类的污染。

而我没有在这封公开信上签字。令我意想不到的是这引起了总统强烈的不满：“您不能不签字！如果没有马克斯·普朗克物理研究所的支持，我们的公信力会被大幅削弱，人们也不会认真看待这份声明。战争期间，您的研究所在海森堡的带领下研究铀反应堆。而现在他的同事杜尔的名字却没有出现在这封公开信上！”“您所说的我都理解，”我回答道，“但是我做不到无条件地站队。我仔细考虑了我们的讨论和争议，您的要求与我的研究所无关，您只是需要我在公开信上签名。而我不能在没有进行投票的情况下以研究所的名义签字。”“这样一来您就是推卸了对这个重要问题应负的责任。”我的总统回答道。

这项指责是我不愿接受的，我承诺总统将做出一份更长的书面声明以表明我的立场。随后我以自己的名义撰写了一份声明，题目是“赞成还是反对——关于核能争议的批判性思考”，将它寄给马克斯·普朗克研究所的管理层，并分发给其他感兴趣的有关方。支持与反对双方阵营都表现出极大的兴趣。因此，我的文章被登载在了1977年9月27日法兰克福评论报上。总统对此感到十分愤慨，他认为我的个人意见质量欠佳，而媒体的登载更是让他不满。我难以理解他的愤怒，在我看来这是一次诚意十足的尝试，以弄清我们面对的问题，并且把核能问题放在我们的生活这一更大的范围内进行思考：

“如果建设核电站的原因是出于现代经济的需要，例如避免失业，或是由于人们还没有做好放弃某种生活水平的准备，或是能源消耗的增加能带来多少百分比的经济增长，那么我会坚定地投反对核能一票。我不明白长久以来人们为何坚定地相信只要解决了科学和技术的问题，就能实现人类的希冀，同时又认为经济与社会的问题是不可改变的自然规律。世界正在改变，我们不能寄希望于用19个世纪的经济理论和意识形态来解决我们今天面对的完全不同的问题。我们必须建立新的概念，设置新的标准。”

这篇文章在法兰克福评论报发表后，获得了相当积极的反响，我的评论被认为是值得探讨的。不幸的是，这没有得到马克斯·普朗克研究所的认同。虽然我已经明确地表示以个人身份发表意见，但我依然被指控违反了协会准则，该准则禁止我以会员的身份发表政治层面的言论。然而，我只是作为国家的公民履行了我的社会政治职责。

现在我成了新闻人物，我忽然想到了1958年我回到德国的时候，那时我只想成为一名物理学家，而现在却卷入了政治的中心。我们如今面对的能源问题其实与另一个我们至今仍在讨论的问题关注点相同，即能源的使用与生活方式之间的联系。30多年的时间里，1979年3月的哈里斯堡反应堆事故和1986年4月的切尔诺贝利事故就是铁证，证明专家信誓旦旦的安全预测是多么“可靠”。

星球大战——20世纪80年代的美国

继迈出科学家进入政治领域的第一步之后，最著名的举动是里根总统提出的“战略防御计划”（SDI），这促使我确立了政治立场。美国和苏联在20世纪80年代以将近25000枚核弹头相互威胁，其破坏力超过100万枚投向广岛的原子弹，足以数次摧毁彼此并令地球生灵涂炭。

SDI是美国总统罗纳德·里根在冷战期间发起的一项倡议，于1983年3月23日正式启动，其目标是建立一个洲际弹道导弹防御体系（图2.4）。SDI包括一系列广泛的研究项目以及用于研发武器的基金。SDI计划在地面与外太空部署现代化武器，用于拦截苏联洲际弹道导弹。这一计划也被公

图2.4　一个非理性的概念
图为战略防御计划的标志，SDI于1983年在里根总统的领导下成立，到1988年耗资近300亿美元。

众称为“星球大战计划”。到1988年，美国政府在这一项目上投资了约290亿美元，取得的成果却远低于预期。后来美国国会明显削减了项目资金。

1985年4月18日，联邦总理赫尔穆特·科尔（Helmut Kohl）在一份政府声明中宣布，他原则上赞同美国的军备研究计划SDI，但是德国是否参与其中还取决于是否满足特定的条件。而社民党议会小组已于1985年4月2日表示无条件反对SDI计划。

1985年7月3日，在致赫尔穆特·科尔总理的一封公开信中，超过350名德国科学家拒绝参加SDI计划，因为部署武器系统将破坏裁军的最后希望。

同年，我受邀于诺贝尔和平奖颁奖之际在柏林向国际防止核战争医生组织简称反核医生组织，致开幕词。这正是一个解决星球大战问题的机会。那时候，人们的想法似乎是颠倒过来了：那些自诩为现实主义者、冷静的计算者、清醒的实用主义者的人们在面对SDI这一幻想时惊喜不已，而那些一直被指为屡教不改、不切实际的理想主义者却摇摇头，认为用军事措施为已成僵局的政治局势寻得一条出路的想法过于天真。

几乎没有政治家或决策者提出过实质性的问题，一个像SDI这样的冒险计划究竟是否有意义？将数十亿美元和社会精英的生产创造力投入一项巨大且终将被毁掉的武器项目中是否合理？且这些问题只有在当SDI具备科学和技术上的可行性时，当导弹防御系统的特定组件能够在技术上基于科学的标准实现时，才有讨论的意义。整体设计中的不合理性（其宣称的目的中的不合理性）在细化的过程中分散到每一个小部分里，之后通过理性的讨论被找出来然后再修正。50位杰出且专业的科学家、技术人员以及军事专家首先为实现总统的乌托邦开道，在为期四个半月的紧张工作中，他们将SDI分解成上百个复杂且具有科学挑战性的子项目，并给出了耗时10年、斥资70亿美元的规划。其中26亿美元被计划用作前五年的科研开支，这五年内取得的科研成果相当于20个马克斯·普朗克研究所在同样的时间内能取得的科研成果。然而，将不合理的目标分解成合理的可操作的子项目并不会使这一项目变得合理，其不合理性则隐藏在科研人员和技术工作者的研究细节中，如果他们不能纵观全局，那么就难以发现这些不合理之处。

当时最让我困扰的是，我们被迫要在不想参与的战场上战斗。关于SDI的争议不只是出于安全问题或战略考虑，也不只是由于它耗费的巨资——即使我们迫切需要金钱来应对这个时代真正巨大的迫在眉睫的挑战。其主要原因在于，有那么多人，那么多的年轻人，他们的智慧、幻想、热情与精力被浪费在荒谬的、具有破坏性的事物上，而它们本可以被用来解决那些真正重要的问题。我们都努力地为生活填充内容和意义，我们希望能贡献一份力量，给困境中的人带来帮助；缓解并和消除令人愤懑的不公平；保护我们的环境，让她保持美丽生动。这并非出于纯粹的无私或利他主义，而是感到我们的世界是一个整体，没有人能够独善其身。我们对别人的善行，对其他人、其他生物、地球、大气层、水域、土壤的善行，就是我们对自己的善行。

所以实际上我已经厌倦了思考像SDI这样的武器系统究竟可行与否的问题，或公开发表评论，因为毫无意义。我想摆脱这种无意义的对峙，它令人感到压抑，我的心里充满了沮丧和悲伤，于是我想到了辞职。我不愿被打上总是持否定态度的人或避世者的标签，因为致力于和平的人绝不是悲观主义者。相反，他相当乐观，因为他没有放弃这样一种信念：在面对最可怕的灾难和危险时，人能够获得神秘的认知、学习和洞察能力，最终生存下来。

因此，我在柏林的那次向国际防止核战争医生组织的致辞中，提出了一项《世界和平倡议》的提案：

"我们不要理会那些强调割裂、揭开旧伤的鹰派鼓动者。我们非常清楚分歧与冲突的存在，我们记得那些可怕与不可饶恕的往事，那些深刻的沉重的伤口几乎无法愈合。我们能清楚地看到这一切，我们不会对它们视而不见。我们的世界充满了矛盾、不公正和冲突。有一方对另一方感到愤怒是真实和正当的。愤怒是仇恨的源头，我们需要得到补偿，我们感到仇恨，我们寻求报复。但是，愤怒和报复很少落在真正有罪的人身上。受害者大多是无辜的。因此，痛苦导致新的痛苦，仇恨引发新的仇恨。如果我们给和平一个机会，勇敢地承担风险，让我们学会忍受这些冲突，这样就有希望在更高层次上化解矛盾。”

我的演讲和我的《世界和平倡议》旨在唤起人们对全球冲突和战争真正原因的关注，而不是关注政治上对军事技术“解决方案”的讨论的细节。眼下，正是环境遭到破坏、重要资源稀缺、第三世界经历贫穷和饥饿，以及由此造成的社会不公正现象一再将人们推入军事冲突的时候。如果我们更深入地解决这些问题，那么从长远来看，我们就为和平与安全做出了更多的努力，这比任何针对核导弹的保护措施都有效。

戈尔巴乔夫与和平的勇气

1985年，我以SDI为主题，确立了我政治发展的轨道。它带我经历了1986年在科隆举办的以“保护地球上的生命”为主题的国际大会，并最终来到了1987年2月米哈伊尔·戈尔巴乔夫在莫斯科举行的伟大的国际和平大会。来自世界各地的1000多名和平人士向世界发出信号：实现和平并非无稽之谈，只要人们渴望和平。冷战最终以非暴力方式结束是一段鼓舞人心的历史。这其中最重要的是，尽管双方的想法各不相同，他们还是能保持坚定、专心致志、不知疲倦地在会谈中寻求各个方面的共同点，并一同探索和平解决冲突的可能性。

与会者之一是当时的苏共总书记米哈伊尔·戈尔巴乔夫。我们在1986

图2.5 实现和平并非无稽之谈，只要人们渴望和平
图为诺贝尔和平奖得主米哈伊尔·戈尔巴乔夫1995年在旧金山举办的首届世界论坛中。

年结识（图2.5）。与许多人一样，我给他写了一封信，表达了我对物理学家——诺贝尔奖得主安德烈·萨哈罗夫（Andrei Sakharov）多年来流亡高尔基莫斯科，以便他可以在熟悉的环境中与他从前的同事和朋友共事。我还建议邀请安德烈·萨哈罗夫加入苏维埃科学家和平委员会反核威胁分部。

不到一个月，我在马克斯·普朗克研究所接到了苏联驻波恩大使馆的来电。总书记米哈伊尔·戈尔巴乔夫给我的信件刚刚寄到，但是他们并不想把信再寄给我，而是在波恩就把信件拆封阅读了！那时我正在前往莫斯科的一次科学会议的途中，并答应顺便做一次短期访问。半小时后，波恩大使馆再次打来电话：因为这封信是如此重要，所以他想在我对莫斯科进行访问之前告诉我它的内容。因此，在法兰克福停留期间，戈尔巴乔夫的信件内容由大使馆参赞翻译给我。信本身没有送到我手上。

戈尔巴乔夫的回复非常保守。但是我得知，他已经把我们的信件转交给和平委员会主席，同时也是苏联科学院副院长——艾夫杰尼·帕夫洛维奇·威力克霍夫，在我访问莫斯科期间我曾与他进行过深入的讨论。这位致力于去军事化的苏联科学家的所作所为与德国人相似：把他们身边的

“鹰派”都视为另一方派来的“特洛伊木马”。安德烈·萨哈罗夫，在被驱逐之前跟我一样，并不想把身边工作的人分类，因此我想让他参与我们的和平倡议。

1986年12月19日，萨哈罗夫的驱逐被取消了。有人告诉我，戈尔巴乔夫想在1987年2月14日在莫斯科召开的国际和平大会之后邀请我参加公开全体会议。顺便说一句，在1000多名参与者当中，没有一位来自核试验室洛斯阿拉莫斯和利弗莫尔的美国科学家，他们与政府共同抵制这次会议。在这次大会上，戈尔巴乔夫再次重申，苏联准备单方面放弃地下原子试验。在这个盛大的和平会议20周年之际，也就是2007年，我再一次受邀回到莫斯科。这个会议被正式定性为一个 “关注全球安全与可持续发展—— 生态、经济和节能的会议”。米哈伊尔·戈尔巴乔夫也在场。让我惊讶的是，20年前发生的历史性命运事件完全没有被遗忘。戈尔巴乔夫一个人被晾在场边——他也提前离场了。这一幕告诉我，戈尔巴乔夫依旧被认作是苏联的毁灭者，是给苏联这个世界大国以致命打击的人。我是唯一一个在那场会议的最后一天，盛宴的餐桌演讲后，还记得冷战结束以及戈尔巴乔夫在其中扮演的重要角色的人。在戈尔巴乔夫的主导下终止的军备竞赛与冷战的结束，同样和许多人所谓的说辞，即受美国总统里根计划的SDI的压力所迫不同，它还可能是因为有一位出色的政治家、一位正直的人在引导苏联前进。

戈尔巴乔夫也经常倾听他人的想法。在他的倾听的对象中，有普通人，例如他家乡的农民，他们的观点给戈尔巴乔夫留下了深刻的印象，还有其他人——医生、东方和西方的作家和科学家。戈尔巴乔夫已经意识到，那些与政治无缘的人往往比自己和专家更能看到现实，而且更加公正。他们把即将发生的核战争视为灾难，在任何情况下都不应该发生这种疯狂的行径。戈尔巴乔夫亲自告诉我，与“没有政治职务的人”的对话对他的行为有很大的影响。顺便提一下，我个人认为说服苏联总书记在1985年8月宣布单方面放弃苏联进行地下核试验的是和平委员会的成员。

在莫斯科国际和平大会、冷战结束以及政治权力集团解体之后的20多年，和平问题依旧会引起争论。阿富汗、伊拉克、伊朗、中东和非洲的问题尚未解决，各种威胁与公开的争端使人们不禁要问：和平是否能够实现?

弱者的力量——战争与新的和平文化

几乎每个人都渴望和平。这个愿望是宏伟的，它不仅意味着没有战争：充实的和平年代充满生机、仁爱、喜乐、欲望，五彩斑斓，多种多样，但也有压力、挑战、矛盾和争端，这一切都属于和平生活。它不是松懈的、静态的和平，也不是如墓地般死寂的和平，我们的愿望和生活的需求都在这里得到满足。

但避免战争仍然是和平的必要条件。这个诉求现今随着战争的破坏力不断扩大而越发的强烈。但很多人还是认为战争是无法避免的。这是可以理解的，我们这一代对战争的理解不是从别人的口中得到的。作为一个童年在战争中度过的人，我知道，战争是多么难以想象的可怕，多么的没有意义。报纸每天都在报告各种冲突。整个历史都充斥着战争。还有——尽管我们每天都在说，我们不想再经历战争了——发生的一切还是和过去没什么两样。

许多人认为在所有这些战争背后都具有不可推卸的合法性，因为它似乎被视为人性中的一个重要因素，人们相信这一切都是为了生存而进行的。达尔文主义“适者生存”的理念成了最简单的解释，每个人看起来都在为了自己的存在和地球的有限资源而斗争。有了这个被普遍认作“零和博弈”[①]的大自然，当然就总是有赢家和输家，也自然会有强者胜于弱者，人类的侵略性也被认为是“理所应当”的。“赢家通吃”这句话，没有给失败者任何怜悯，也被人视为合乎逻辑。我们的侵略性，我们倾向于采用暴力解决问题的倾向，正如卡尔弗里德里希·冯·魏茨泽克（Carl Friedrich von Weizsäcker）所塑造的那样，都是“胜利的奴仆”，这是非常可悲的。而且我认为，从自然科学的角度来看，这样的观点极度扭曲，并且把我们对现实的看法与真正的现实混淆了。

① 又称零和游戏或零和赛局，与非零和博弈相对，是博弈论的一个概念，属非合作博弈。零和博弈表示所有博弈方的利益之和为零或一个常数，即一方有所得，其他方必有所失。在零和博弈中，博弈各方是不合作的。

让我们来审视一下，我们的注意力和我们的看法是如何被操控的！一位古老的西藏智者说：“倒下的树比生长的树林发出更大的声音。”很明显，我们的看法被那些“倒下的树”所支配：什么即将发生、什么在威胁我们，以及什么正在成为威胁。我们的整个历史充斥着“倒下的树”：战争与破坏、强大的帝王和君王，他们将自己描绘成伟大将领和征服者。这也是这些事情最糟糕的结果，让我们相信这些是世界上最重要的事情。这些“倒下的树”看起来对我们很重要，它们的倒下也能够被人理解，因为一个不可否认的事实就是每棵树都终将倒下。

但是，让我们惊讶的是，经历了这一切的破坏之后，地球上仍然有生命。我们意识到，这就是“生长的树林”最终发挥了作用。也就是这些生长的树林，推动生命不断前进。不过谁能注意到生长的树林？它们成长缓慢，毫不引人注意，但却非常可靠，只有长时间观察才能被注意到。那些需要生长和建设的东西成长得总是比破坏和毁灭来得慢。这不是巧合，真正的价值创造需要时间，这也是为什么我们时常忽略它们的原因。但对我来说，这就是使和平变为可能的希望之源。让我们不要在喧闹的毁灭中，忽视了正在缓慢成长的新事物！

有这样一种误区，认为我们都是利己主义者，眼中只有个人利益，现在考虑到和平而不得不压抑自己的实际性格。但我们自己知道，有一种力量在联络着我们。我们之间都把对方看作更深层次的朋友，我们不会以陌生人的形式来迎接我们的同类人，而是以“自我”的延伸来对待他们。如果别人过得不错，那我也会过得很好。这就是我们如何在30亿年这样短的时间内，诞生出如此惊人的多样性和复杂性的生物，包括最后诞生出人类的法则。生命这种看起来不是靠自然规律诞生出的东西，都已然诞生，因此和平也同样是可能诞生的。和平不过是在人类社会这个层面上继续延续生命的自然规律罢了。

当我们强调差异性和多样性的优点并且谈到要保护人的尊严时，我们已经走上了正确的道路。每个人都是独特的，当我们这些独立而多种多样的人集合到一起时，人类就有了巨大的力量来迎接未来各种未知的挑战。但只有个体的力量不发生内耗，才能在各种淘汰赛、零和博弈中渡过难关。他们必须学会做加法，让一个人能从另一个人的优点中受益。这不是宽容的利他主义者对利己主义者的屈尊俯就，有许多经验证明当个人力量无法成功胜任时，我们可以信任身边的人，依靠他们的支持。这就是和平所诞生的果实：我们所共有的，“人”的力量、同情、谨慎、关怀、团结和爱的能力。尽管我们之间还心存疑虑，我们也将站在一起。

但今天我们要做些什么，才能让我们在未来和平共处？和平不会从天而降，它尤其需要努力，须经过慎重、敏锐而有远见的多方面考虑。和平是一门艺术。它首先要求我们意识到，人与人之间是相互连接着的，它不要求我们说着相同的语言或者对一件事持有相同的看法。异类必须要被认可，甚至要得到完全的尊重。当我们听到了不一样的声音，当我们遇见了不同的文化与宗教，我们应当保持好奇，耐心倾听，而不是不假思索地反对。我们不因我们所拥有的而富有，只有那些让我们惊叹的才能充实我们。对于我们来说，文化的多样性不应被视为一种威胁，而应该是我们理解世界、善用环境的财富之源。

“战争”=“最后的手段”？

只有彻底抹杀战争才能拥有长久的和平。首先我们必须摒弃我们脑海中“战争是最后的手段”这一想法，即，我们不能认同战争是解决问题的最终途径。正如卡尔·冯·克劳塞维茨（Carl von Clausewitz）所说的那样，战争已不再是“另外一种形式的政治”。你无须成为和平主义者就可以清楚地意识到，如今配备高科技大规模杀伤性武器的战争总是无法轻松地解决它本应该解决的问题，现代战争已经变得有悖常理，因为受到战争伤害的大多是那些无辜的人们，而不是所谓的“恶棍”以及罪魁祸首。然而如何确定谁才是客观上真正的罪魁祸首是十分困难的。在这里，这些事情错综复杂，彼此重叠，即便说做出清晰的判断并非是不可能的，那它也有极高的难度。每个人都有不同的方式来定义问题。一个人说：“这是关于人权的。”另一个又说：“不，这关乎主权。”这个关于“到底什么才是争议点”的问题是没有统一的答案的。强者不会在意所谓的尊严，它只是为善与恶设定独裁标准，并逼迫弱者扮演“恶棍”的角色。

“战争已经不适用于解决问题”这个论断似乎是一个好消息。它唤醒了一种希望：即使是冷静的实用主义者也会相信战争不适合解决问题。另一方面，它带给我们一种不知所措的感觉，因为我们一直相信，即使一切都失败了，我们仍然可以用暴力解决问题：与其让恐慌延续，不如用暴力终结。在那么多艰苦而漫长的初步协商和审议之后事情依旧未见成效，是因为这种最终的暴力手段不再具有威胁性了吗？好吧，就我而言，当经过漫长而耐心的谈判，而事情并无任何进展时，我也会有同样的感受，那就是我对放在桌上的拳头感到十分恼火。但同时，我也很清楚，桌子对此无能为力，甚至不能做出反击……

2001年9月11日（图2.6）以后，我与美国科学家就美国的反恐斗争进行了很多讨论。他们认为会有一场“正义之战”。我回答道：“对于经历过战争的人来说，再次发起战争一定是一件无法想象的事情。”他们认为我的想法是由于我个人遭受的创伤导致的。根据他们坚定的信念，像萨达姆·侯赛因（Saddam Hussein）这样的独裁政权只能以武力抵抗。对此我完全不同意。战争有它自己的逻辑，直到一方获胜才会赢来终结；把所有可以运用的东西安置在武器上。正如我们多年来在以色列和巴勒斯坦之间的争端中看到的那样，受到迫害的是人民。我一直在想，一个不会说“这是对

图2.6 “存在正义的战争吗？”
2001年9月11日世界贸易中心遭受的袭击使众多美国人给出了肯定的回答。

的，那是错的”这些话，而是想要弄清楚是什么驱使双方形成对立面的调停人究竟在哪里？

非暴力的解决途径对我来说是唯一可行的选择。但是，我们能采取什么行动让非暴力解决途径在我们的社会中更加突出，并赋予其必要的长期价值？这项任务必须成为社会的核心与突出的问题，正如它迄今为止的军事承诺一般。因此它必须在主权和公民的直接控制之下。我的观点并不仅满足于此，我认为仅在除政府机构之外的部门及机构在下班后的休息时间内以及周末进行这样艰巨而重要的任务是不够的，特别是现在的社会背景下，尽管通过这种方法我们已经毫无疑问地获得了良好的经验。因为当一个人在自愿、义务的基础上做一些事情时，我们可以认为他所做的并不是为了自己的利益，而是为了对社会和未来尽责。这展现了一种态度和一种观点：不仅要对广大公众提出要求，而且要让广大公众服务于最本质的问题。如果一个个体自身的优势得到了提升，那么其他人也会受到好的影响。这完全符合非暴力解决的先决条件。毫无疑问，现在的民众社会有巨大的潜力可以为这个雄心勃勃的项目开启一个良好的开端。举个例子，我设想，建立负责且有经验的公民和平服务处、基本权利与民主委员会等机构，他们主要负责产生冲突之后的调解与管理。同时让大量在处理方法和心理学方面极具经验的人作为业务顾问，提供质量管理和领导力培训。不过，我认为国家的参与是不可避免的：首先，实现这个项目会产生较高的财政负担；其次，这是社会的核心问题。

致力于和平文化

1998年12月和1999年1月，我写信给新成立的红绿联盟的几位部长，其中包括约施卡·菲舍尔（Joschka Fischer）。信中我提出了疑问，询问他们现在是否正将兵役的范围扩大到维和与调停机构。在我看来，随着联邦德国国防部队的缩减，扩大维和与调停机构似乎是对随之产生的司法力量缺失的一种更合适的回应，义务服役的废除导致几乎没有优秀的职业军队。把方向调整到日常冲突的管理，这样的改革对国防部，也就是过去的战争部来说，是很愿意看到的。他们将转型为冲突调解与维和部门。在这里，年轻人可以受到坚实的培训，他们可以学习如何用非暴力的方式解决冲突。无可否认，这将是一项雄心勃勃的计划。

我的信没有得到政府方面的正式答复。但是，在私下谈话中，我了解到，这样的提案几乎没有实现，因为没有足够的合格人员来提供培训。这项工作在具体实施时，确定工作范围与性质所会遇到的瓶颈，我的确考虑到了。但是为什么政府会犹豫？联邦共和国为什么不能大声宣布他们大力推行非暴力的解决冲突的决心，并从现在就开始进行相应的培训课程？就算一开始只有12人，6男6女，这也将是一个令人印象深刻的信号，一种用新的方式来长期对抗战争的信号。我相信在其他国家，即使不是政府，只要有一个部门的人接受了这个提议。不需要多久，就不仅仅是十几个人，而是有成千上万的人能够更好地处理棘手的冲突。确实很少有人会拥有特殊的技能、见解、耐心和个人魅力来处理真正的巨大冲突。但这些也是社会上许多地方所需要的：通过在专科类学校、大学、工作和政治领域采取这种方式，和平文化就可以在我们的社会中发展。人人都明白，认知缓和和化解冲突意味着什么。这是一个我可以学习与他人和平相处的社会，在这个社会里，有人与我有着不同的力量，但我们并不会发生冲突，而是相互充实，这会使我非常高兴。

用知识做评估——我作为科学家的责任

科学家，尤其是物理学家，是我们这个时代的伟大英雄。他们的聪明才智推动了经济的显著发展，稳步提升了我们的生活水平，增加了当我们面对自然和敌人时手中所掌握的力量。因此科学家们得到了纳税人的慷慨资助，并受到政府、行政部门和经济部门的青睐和嘉奖。但最近，随着原子弹的爆炸，物理学家失去了他们纯洁的光环（图2.7）。他们明白这个现状并承担了责任。因此一些人暗

图2.7　随着原子弹的爆炸，物理学家失去了他们纯洁的光环

1945年8月6日下午6点15分，美军在广岛投放原子弹。在战争中首次使用核武器时，城市的80%被立即摧毁并导致9万～20万人丧生。

下决心要弥补这深刻的缺陷。他们想要证明核能不仅能够最大限度地产生破坏，还能够以相同的程度对人类的日常生活有建设性的作用：从长远来看，它能把人类从因为人口持续增长而必须面临的所有能源问题中解放出来。因此，在战争结束后，物理学家们成了和平使用核能的最重要的倡议者和执行者。

科学以及科学方法的巨大成就总是反映在科技那令人惊叹的发展上，这往往导致工业化国家的人们变得自大而傲慢。科学家通常被视为我们这个时代的伟大魔法师，他们可以解决我们日常生活中的所有问题，实现我们的许多梦想。不幸的是，迄今为止他们实在是太成功了，这就会令人们的评估中渐渐出现一些严肃的疑虑。经济学显然认同这种对科学家的看法。科学家们的智慧是人类取之不尽、用之不竭的宝藏，这种智慧最终超越了任何界限。尤其是它旨在寻求突破不可再生能源的明显限制，通过对新能源的探索与发现，我们能够一次又一次克服这些不可再生能源在当下对我们的经济造成的重大损耗。然而，当我们面临新能源发展这个话题时这个观点不再适用。新能源的发展与“发现—发展—经济上执行”这一可不断重复的步骤并非完全相同。

新能源的发展还涉及一定的升级扩大。随着每一个新步骤的进行，开发的困难也逐步增加，这减少了边际效用[①]：付出必须相对增加，以获得同等的收益。如今的计算方式是只计算实

① 又称边际效应，是指每添加（或减少）一个单位的商品或服务，它对商品或服务的收益增加（或减少）的效用。

际用于能源生产的支出的一部分，并且将利益带来的负面效应模糊化并最终忽略。因此边际效用下降迫使资源消耗加快，也令技术的形式变得更加极端和危险。

即使是基因工程师从操控的角度来看待自然，也并没有意识到后果。他们说：多样性真是太奇妙了，但这种安排真是耐人寻味。为什么那里会有植物？为什么会有动物？为什么会有人类存在？……自然的这种安排真是效率低下！因此我们做了一些改变，我们重写了所有内容，因为我们认为人类相对于其他生物更加智能。但是，自然是以这样一种方式进行创造的，即万物之间皆有联系。你不能在不干扰与另一方的关系的情况下改变某些东西。

基因工程试图用那些更高产、更不易感染疾病或能够抵抗某些除草剂的植物取代现有的植物。自然是在持续发展中的，但是对如今的我们而言，它的发展速度太过缓慢。但是为什么自然发展得这么慢呢？显然不是因为自然本身愚钝，而是因为它需要等待并观察每个由它引发的变化是否经得住时间的考验。然而我们人类并不需要这段时间。

人类的任意妄为带来了很多方面的灾难性发展。一如往常，大多数人都视而不见，其他人则听天由命，认为这是没有办法避免的。我理解这种由无力感引发的压抑所带来的需求以及面对迄今为止的人类历史时的悲观情绪。但两者最终都不会将我们从我们的责任中解放出来。因为我们都为这种发展做了贡献——特别是我们自然科学家。尽管自然科学家每天都在用自己的行动改变世界，但大多数人仍然都在谈论寻求知识，谈论浮士德式的追求以及对大自然的好奇心的满足；尽管长期以来我们将我们的举动称作“科学”，但实际上从很久之前它们就应该被称为“行动”。诚然，理解与行动对人类来说都十分重要，它们相互补充并相互制约。而将知识应用于行动中需要执行者本身承担责任。和自然应对我们的碰撞和打击时的缓冲能力相比，和自然对我们的过失和对它的虐待的原谅能力相比，我们从自然科学巨大的成功中获得的力量显得过于强大了。

责任仅仅意味着对因果行为提供个人担保。当然，偶尔不采取行动也可能是一种负责的态度。只有满足如下两个前提，科学家才能为自己的行为负责：

——研究人员必须能够真正预见他的行为导致的后果。毕竟，有因果的行为意味着研究人员可以准确预测未来的某些效应，或者相反，一旦发生了效应，通过这些效应可以最终追溯到他以前的行为。为此，研究人员必须有真正的自由来充分确定他的行为，同时他也应该承担相应的责任。

——必须给出一个普遍具有约束力的价值标准，通过这个标准，研究者可以将他自身的行为进行分类：有意义或无意义、有益或有害、正义还是邪恶。之后研究者就必须对他所带来的后果负责，哪怕是消极的后果。

显然，这些条件在极少数情况下都很难实现。因此，许多人——尤其是科学家——并不认为科学家需要担负比普通人更多的责任，这也并不奇怪。

无法评估的知识

在坚持科学是无法评估的这一观点上，科学家从不感到厌倦。他们一再指出，科学研究结果同其他任何知识一样，只有在实际运用和社会实践中才能被评估，也唯有通过实践才能确定一项科研成果对人类究竟是有益还是有害。因此，科学应当得到普遍甚至无条件的支持，因为拥有更多的知识总是意味着更敏锐的洞察力、更深刻的理解、更清晰的定位和更高层次的认知。在一致性或自我一致性的意义上，对科学的评估只有“正确”和“错误”这两个标准。而且这一评价标准对各学科都完全适用，因为它本身就是科学的组成部分之一。

因此，对科学成果的评估仅需要就其对于人类、人类社会、生物圈、我们的时代以及整个世界的重要性进行评估。科学家们认为，通过精心挑选并设置初始与限制条件，就能保证他们揭示出的自然规律是符合预期结果的。对科学知识进行应用以及对其进行好坏与否、合理与否的评估，似乎并不是教育机构与科研促进机构（如大学和研究机构）的任务。对科学的评估应该由受害者和受益者，由整个社会以及作为他们合法代表的政治家进行。

尽管这种观点看似很有说服力，我却认为它是错误的。因为不应存在无法评估的知识。对知识的评估有两种方式，即本质的评估以及实践意义的评估。

首先，是对本质的评估：也许的确存在几乎无法评估的科学，但这只存在于概念里，无法评估的科学意味着它与对应的现实毫无关联。而每种阐释现实的科学总是与现实有关联性，以自然科学为例，科学家们根据逻辑推演出公式并搭建概念框架，再将之与现实世界联系，从而找出现实世界运行的规律。因而没有科学依据的证明是不可能的，因为科学大厦并非空中楼阁。

以上论述不局限于其学术性的意义，现代科学告诉我们，客观现实，也就是由坚不可摧的单位构成的物质现实是不存在的。我们所体验到的现实，主要取决于我们探索现实以及我们行动的方式。科学的现实总带着我们思维的烙印，而我们的思维总是将部分从整体背景中分离出来。因此我们概念化的任何知识都意味着这是一种评估过程。我们通过概念思维，尤其是通过科学思维掌握的现实，原则上并不是我们可以体验到的整体的现实。现实远不是物质现实。

当面对是否存在无法评估的科学这一问题时，我们会在严格的客观原则上，在可预测的世界框架内考虑这个问题，而通常不会想到知识和评估之间的这种基本联系。这时知识的评估的实际意义就显现出来了。它在本质上取决于知识从何种程度上成为行动的起点，以及对科学的理解何时成为指导行动的应用科学。

在科学研究的方法论中区分应用科学与基础科学具有一定的合理性，但在评估问题面前——在科学家对其行为负有特殊责任的问题上——这种区分则显得不合时宜。评估不着眼于方法而取决于动机。从本质上讲，科学有两种不同的动机：其一是为了认识并了解某种东西（真正的科学），其二则是为了做些什么，为了操纵和改变。

从传统意义上讲，第一种动机的科学被视为哲学的一部分，而哲学主要关乎知识与真理。即使在今天，大学以及研究机构的科学家们在很大程度上依然以寻求真理自我标榜。然而，实际情况似乎并非如此——至少在自然科学领域。科研活动总是直接或间接与第二个动机相关，科研成果总是要应用在实践中。此时的科学不再主要作为知识、洞察力与智慧的推动者，而是成为实用技能、有目的性的知识，以及获得权力的手段。

但这也不意味着作为纯粹的知识的科学可以在没有评估的情况下进行，因为纯粹以认知为导向的科学与以应用为导向的科学之间的界限非常模糊。当下以认知为导向的科学已不是被动认知的科学，而是依靠最强大的技术力量探寻自然界深奥秘密的实验科学。另一方面，以应用为导向的研究也需要对某些子现象进行彻底详细地研究，这通常被认为是基础研究的领域，因此认知科学与导向科学之间的边界越来越模糊。

我们不能因为将科学进行认知导向以及应用导向的这一划分而产生潜意识的评价。例如，以认知为导向的研究是好的而以应用为导向的研究是坏的，因此只应允许前者进行；反之亦然。例如，大学和研究机构应该禁止“为艺术而艺术”这种纯粹以知识为导向的研究，只允许进行与社会相关的应用研究。科学的两个分支只是对应着人类社会的两个不同方面。以认知为导向的科学具有哲学人文意义，与宗教或艺术相似。它是教育的源泉，也是人与社会结构共存的指南，是不可或缺的。另一方面，以应用为导向的科学的目标是“改善”（无论怎么理解）人类的生活条件，至少不会让它变得更糟。向实践转化的知识越多，对科学进行评估对我们的社会就更加重要。现在我们回顾之前的问题，自然科学家能够为自己的行为负责任的前提条件，是他能够在多大程度上成功预测他的行动在未来可能产生的后果。

当进入一个新的基础研究领域时，要预测未来产生的结果是极其困难的。即使对于应用研究来说，对未来做出预测也十分复杂，并且只能在有限的范围内进行。即使在最好的情况下，准确的预测也是不可能的，因为受到基本的自然法则的限制。然而，这并不意味着我们可以由此得出结论：研究人员不需对其行为负责，不用承担任何责任。为了负起责任，准确的预测是十分必要的。最重要的是，研究人员在开始他的研究旅程之前先对研究课题的“拓扑结构”进行探索。那是一幅这样的画面：走在广袤的草地上，脚下的小径在幽深的山谷中蜿蜒向前，在前方等待着的不是那种在雾里攀爬狭窄陡峭的山脊，也不是穿越可能发生雪崩的山坡的危险，而是无限的未知。这场可能十分危险的远行只能由研究人员和技术人员独自进行，如果遇到任何危险，后果只能由他们独自承担。而不是他们带着整个队伍——国家、后代、甚至全体人类——一同步入深谷。一个负责任的学者面对危险的小路一定会止步不前，即使有人挥舞着“前进一步就是胜利”的旗帜，他也绝不会一边带队向前，一边用最大的努力减小失败的风险。在任何时刻他都必须根据对未来最坏的预测来做出决定。

探查一个领域的拓扑结构不仅要求只着眼这一领域的专家对该区域进行考察，更需要有人从整体上纵观全局。

自然化的责任

如今，我们的知识被划分成许多单独的学科，每个学科都只能由专家来审视和“理解”。这种“理解”意味着专家对他的领域的熟悉，就像他熟悉自己的公寓，在里面来去自如一样。

对于我们每一个人而言，是不可能理解和掌握全部的知识，所有的科学学科的。即使我们付出巨大的努力，随着时代的变化，对适应性的要求不断提高依然让我们感到不知所措。为了应对这种状况，我们放弃了试图认清和理解一切的做法，而选择建立思维的“黑盒子”——就像汽车、电视和洗衣机——我们只需按下按钮或控制操纵杆就可以让它们开始运作，并不需要知道它们实际上究竟如何运作。面对力所不及的情况，我们似乎冒着这些已经将我们包围的工具和科技设备有一天会消失的风险。只有通过由人类创造的、操作简单的、机械结构的功能部件的调解，我们才能开启这个高度差异化又协同合作的环境。这些简单的部件将我们的视线从充满多样化和差异化的实际现实上移开，并将我们从中隔离出来。

如今我们怎样才能从审视单一学科的视角中脱离出来，对全局进行评估？因为只有这样才能了解我们的责任并掌握全局。在如今浩如烟海的知识面前，即便最杰出的头脑也无法获得哪怕只是最重要的知识内容的粗略概述。在这种困境中，我们有限的理解力要面对急速增长的知识量。因此我们只能做出苦涩的选择，那就是每人都必须变得更加专业。这将人从人群中分离，孤立为个体，并最终使人们无法沟通。我们日益受那些告诉我们他们知道该“何去何从”的人的摆布，因为他们的语言是如此精湛，而我们只能相信他们。

这使我回想起了在20世纪90年代中期，我与一位雄辩的科学同僚在《明镜周刊》上进行的一次公开辩论。胡博特·马尔科（Hubert Markl），生物学教授，1987年至1991年任德国研究基金会主席，之后又成了马克斯·普朗克协会主席候选人。他推行一种生物主义，那就是：如果人想拯救地球，他必须成为“生物圈的管理者”。利用现代生物学和基因工程，智人必须“极主动地承担起把自然掌控在手中的使命”。

在马尔科的论文发表几周后，我在《明镜周刊》上发表了对他的回复。其中，我反驳了他所倡导的“去自然化义务”而代之以“自然化的责任”。即使这种思想不能说是危险的，马克尔和其他科学家所寻求的“以人力管控自然”也只能是一种幻想。因为自然并不会因为我们自认为是“创造之王”，就给予我们特殊的待遇。当然，人类因为拥有自我意识而成为一种有趣甚至有些可爱的特别物种。但我担心，自然不会满足于把人类当作唯一的可以反映其美丽的镜子。相反的，我们与自然面前的所有其他物种一样，只是他们无法成功完成大自然设置的繁衍、创造的游戏。而人类只是自然从漫长的进化中被挑选出的一个物种而已。

根据马尔科的观点，“把自然变成由人类统治、构筑、保卫和负责的自然，一言以蔽之，变成由人类掌控的自然，是拯救我们的地球免受自然破坏的唯一途径。”这里请注意，其实是人类自己（或者更恰当地说，北半球的“掌管者”）造成的破坏，并且这样的破坏还在继续。是什么样的狂妄使人做出这样的宣言，而这其中的理念来自欧洲中部。在过去150年的工业历史背景下的现实是以下的情况：

——通过不断发展的科学和技术不加节制地破坏自然（物理和生物）资源，至今为止代表科技“最高成就”的是原子弹技术；

——工业毁灭性的狂欢通过我们的意识、社会结构和工业不可替代的价值在世界范围内传递，工业化国家，尤其是德国，煽动了两次世界大战；

——拥有这样的发展理念，错误地认为我们的环境不是有自然限制的坚实的生存空间，而是由人类占有的，可以无限开发的采石场，一个可以吞噬一切的垃圾场。

更具讽刺意味的是，那些过去以及现在对这种畸形的发展负责的社会与科学精英，还会在未来“管理”生物圈？而且还是在我们对这个生物圈完美的运作规律的了解甚至不到1%皮可①的情况下？更有甚者，我们通

① 国际单位制词头，符号p，表示10^{-12}，或0.000 000 000 001。

过现代物理学划分的可知的边界在未来很有可能会永远地消失。对马尔科这样的科学技术进步的主角而言，确实是猫在扮演着老鼠守护者的角色。

如今发展势头正猛，取得了基础地位的科技工业复合体也想为全球管理任务提供一种全新的工具：基因工程（图2.8）。就这一点，马尔科在他《明镜周刊》的文章中也曾发表耸人听闻的过激言论："的确，我们已经可以操控创造（基因工程）。然而，这种创造既是必要的，也是符合道德的，因为它将生物从完全毁灭中拯救了出来。"

图2.8　人类手中的自然
2003年2月14日，第一只克隆哺乳动物多莉被安乐死，它只活到6岁半。

并且，马尔科这种阴暗的想法毫不掩饰地表示，这种面向全球的生物圈管理也将很大一部分人类囊括其中（马尔科的原话："人类最重要的任务就是抑制繁衍"）。此外，马尔科还提及，"10亿人口"是防止地球超负荷，以维持生态持续性的上限。若是以美国式的奢侈生活方式为根据，进而推导出全球资源的消耗，这个数字确实不失为一个很好的预估。但是，与其提出一个恰好与如今富裕的北方人口数量相对的数字，设计并推行一种全新的、人性化的、快乐的生活方式，将地球上的资源与财富公平地分配给生活在这个星球上的70亿人口。

尽管那些对我们社会的技术与经济发展有重大影响和促进作用的科学家对他们的行为负有特殊的责任，我们每个人仍应该在尝试探索和理解人与自然的关系时，在将自然与文化之间的联系广泛地与一般甚至社会政治要求结合起来的时候，更加谨慎和谦逊。正如马尔科在其文章中给我们做出的“榜样”。面对这样的问题需要的不仅仅是科学家的杰出头脑，更需要正直与诚实。因此没有物理学家、生物学家、经济学家或化学家在政治上比任何其他有思想的公民更专业。

第三章

“无生命体如何获得生命”

世界的基础不是物质。

旧世界观，新思维——物理学革命

21世纪初，物理学的思想结构发生了一场革命：量子论。这场变革从根本上改变了我们的物理世界观。人们以新的视角来审视原先存在争执的物理问题并互相调和，衍生出更多惊人的可能性。然而，在思维转变的大潮下，我们需要非常努力才能抓住机会，以“新思维”为基础，接受对自我的认知以及对世界的认知的变化，并理解它们。毕竟，我们的思维结构、想法和行为模式已经由古典世界观决定。古典世界观的基础是17世纪由伽利略（Galilei）、笛卡儿（Descartes）和牛顿（Newton）奠定的，而这又是人类文明发展进程中前所未有的辉煌——文艺复兴的结果。它向自信、充满好奇心、具有探索精神的人揭示了真理与知识，从而对进一步真正掌控自然的可能性做出准确判断。

旧世界观的改变

古典的世界是机械论的，恰好适合我们紧握的手：它的内容是可理解的，在我们的理性思维中，就像虚拟的动作一样，能够通过概念象形地理解和解释。根据这种世界观，自然是物质的，我们可以对它进行拆分却不使其丢失物质的特性。因此，科学家，特别是物理学家，从彻底解剖世界开始对物质世界及其自然法则进行精确探索是顺理成章的。为了达到此目的，搜索“纯物质”则是十分必要的。寻找纯物质意味着寻找“不可分割的原子”。也就是寻找最小的单位，所有的物质形式都由它组成。人们认为他们要寻找的就是化学元素的最小组成单位，并称其为“原子”，它们似乎是不可分解的纯物质的候选者。人们的认知是：首先可以确定的是，通过不断地分解，终将存在一种无法被进一步（在原子水平上）分解的物质。我们所讨论的就是这种最小的颗粒，它们不能被进一步分解。它们具有这样的特点：随着时间的推移，它们的性状总是保持不变。正是这种物质具有的在时间上的连续性保证了世界的连续性。世界中可观察到的变化就是由这些最小粒子的重新排列组合而产生的。我们的世界像是一个包含了无数独立的小世界的巨大沙袋，这些小世界保持自己的性状，并且只和与各自紧密接触的邻居相关并与之互动。因为遵循简单的规则，可以通过有针对性的干预措施将它们精确地改变，从而使有目的的行动成为可能。

但是上述观念只有在我们不把人类本身理解为这种严格的“自然”机制的一部分，而是作为超越了自然，类似上帝的造物之外的形象时才能成立：将人类作为创造者、操纵者，以及在奴役机制下的自然的统治者。

根据这种传统的自然观念，元素，也就是物质，是排在首位并保持不变的；形态，也就是形式，排在第二位。形式通过物质的关系结构和物质的相互作用并随时间的变化而产生。

如今，现代物理学有了惊人的发现：物质不是由物质组成的！如果我们不断分解物质，希望找到最小的、无形的、纯粹的物质，那么最终剩下的东西已经不能被称之为物质，只有形态、形式、对称性和关系。这种认识目前仍然十分混乱。如果物质不是由物质构成的，那就意味着，物质和形式的优先性要颠倒过来：首要的是形式，其次才是物质。根据新物理学，物质是一种在一定粗糙程度上才出现的现象，物质是凝结的形式。我们或许可以这样说，将物质分解到最后，剩下的更像是精神性的东西——它是完整的、开放的、鲜活的；它是一种潜力，一种能够实现的可能性。物质就是这种精神体的凝聚物，是可分解的、可定义的、确定的，也就是现实。

在这种可能性中，没有明确的因果关系。未来基本上是开放的，能确定的只有实际产生何种“结晶”的概率。没有粒子是坚不可摧，且总是保持不变的，但有一种“火热的沸腾”[①]，不断有新旧的迭代罔替。

① 万物生生不息永不静止，可以根据分子热运动进行理解。

这个世界每分每秒都在被重新塑造，无论是其外表，还是其“未来”。世界总是在不断变化中，这也是我们无法接近未来的原因：它并非将我们拒之门外，而是根本不存在。旧的可能性孕育出新可能性，进而形成新的现实，却无法形成确定的未来。

在这个持续进行的创造过程中，形成了一种全新的、前所未有的东西，“一切”都与它有关，且与它的交互遵循一定的规律。在物理上它是由一组可以放大和减弱的复杂的波形叠加来描述的。就像一个加法游戏，和则增强。时间进程不仅仅是发展或“展开”已经存在的事物和一直存在的物质，给它们一个新的形式。相反，时间在进行真正的创造：将可能性化为现实，而现实是可能性的物质能量表现形式。

这对于那些想要操纵自然，并最终将其紧紧握在手中的人来说可能是一个坏消息。因为通过现有的情况，我们无法确切地知道未来会发生什么。这不是因为缺乏知识，而是由可能性的结构所决定的。这种结构就像自由地思考产生的想法之间的那种松散的联系。它还像一个整体系统与它互相独立的子系统，这些子系统作为整体的一部分运作，并以一个整体的形式出现。然而，这种比喻远不足以阐释其中深刻的联系，因为就像我们能在波涛汹涌的海上看到白色的海浪，但并不意味着我们可以说海是由波涛和白浪组成一样。看似是整体中的各部分之间的相互作用的意义，其实还是蕴含于整体之中。这个整体总是存在的，无论大海是“空的”——平和安静没有风浪，或是“满的”——在风暴中波涛汹涌。海浪之间的相互作用将它们推向一个方向，就像它们有一个既定的目标。正是这种建设性的互相作用孕育了这一目标。

旧的世界观将人放在行动的中心。因此可以理解的是，西方文明强调创造性活动、行动力、权力获取以及权力扩张。尽管我们今天对世界有更好的认识，我们仍然固执地将现实想象为客观现实。因为只有在这种物质凝聚和局部絮凝的形式下，我们才能控制现实，并可以为了自己的利益而操纵它。

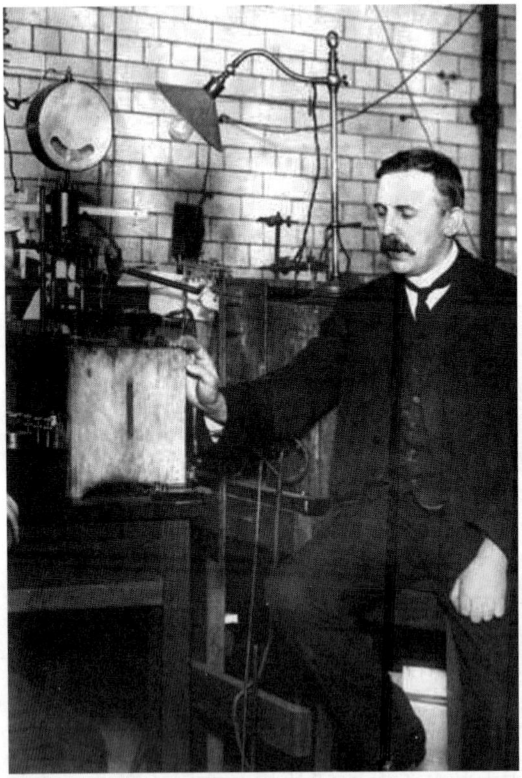

图3.1　一种电力行星系统

图为物理学家欧内斯特·卢瑟福（Ernest Rutherford，1871—1937），他于1911年发现原子仍然存在一个内部结构。

这个在物理学上足以颠覆我们对自己以及对世界的认知的全新的、革命性的思想是如何产生的呢？新西兰核物理学家，诺贝尔奖获得者欧内斯特·卢瑟福（Ernest Rutherford）（图3.1）1911年在英国工作期间，在进行α射线实验时发现原子还具有一个内部结构：带正电的原子核处于带负电的电子围绕其旋转而产生的弥漫性外壳中，它们构成了一个电力行星系统。因此，原子仍然是由更小的部件构成的，它们被称为基本粒子。随之而来的是更大的惊喜：这种由内核与外壳构成的电力系统在经典物理学的规则下是不能稳定存在的，它在受到光辐射时会自发地坍缩。只有基于特定的动态条件才能保持稳定：正如尼尔斯·玻尔在1913年推测的那样，电子必须根据所带电量在特定的轨道上运行。1923年，路易斯·德布罗意（Louis de Broglie）提出电子不是以粒子的形式存在，而是由静止的非物质的振动伪装而成的。由此他总结了上面已经提到的基本见解，即原子作为构成物质的最小粒子已不再由是物质组成了。物质消失了，反而只剩下一种形式。旧的物理学大楼已经崩塌了，他们曾坚信世界是有结构的，“是什么？”“什么存在？”这样的问题是有意义的，是与物质存在这一概念密切相关的。然而现在证明，物质并非由物质组成，世界的基础并不是物质！相反，我们发现了信息领域、引导领域、预期领域，它们都是与能源和物质无关的领域。

新物理学的问题随着马克斯·普朗克在1900年对实验结果做出解释而得到解决，詹姆斯·克拉克·麦克斯韦（James Clerk Maxwell）于19世纪中期提出，光是一种电磁波，这与光的粒子（光量子或光子）性质互相矛盾。这在1905年由爱因斯坦在另一种情况下证实。普朗克和阿尔伯特·爱因斯坦分别在1918年和1921年因为这一发现获得诺贝尔奖。1925年，维尔纳·海森堡和尼尔斯·波尔奠定了革命性的新世界观的基石，随后涌现了一批像保罗·狄拉克（Paul Dirac）、沃尔夫冈·泡利（Wolfgang Pauli）

等20岁左右的年轻人（图3.2）。或许是因为他们对古典物理知识知之甚少，所以与物理界的“老先生们”相比，他们更容易对世界做出大胆的新解释。并不因新世界观的“荒谬”而感到困惑，也不为旧世界观的崩溃而惋惜，这些年轻人带着惊奇领会了新世界观更广博的意义与强大的整合能力。

图3.2　“他们对新世界观的重要性感到惊讶。”自1911年以来，国际索尔维会议在布鲁塞尔举行，这是一次汇聚当代最优秀的物理学家和化学家的高峰会议。在最著名的1927年的第五次会议上，当时的顶级的科学家爱因斯坦和尼尔斯·玻尔讨论了海森堡的测不准原理以及他重新阐释的量子理论。
图中的29人中17人获得诺贝尔奖。前排为阿尔伯特·爱因斯坦（中）和马克斯·普朗克（Max Planck左二，玛丽居里Marie Curie旁）。第二排为保罗·狄拉克（爱因斯坦左后），尼尔斯·玻尔和马克斯·波恩（Max Born）（左一和左二）。最后一排为维尔纳·海森堡与沃尔夫冈·泡利（右三和右四）。

维尔纳·海森堡与新的世界观

在我们眼中，维尔纳·海森堡的生活和工作就像一块巨石一样——封闭、令人赞叹又有力。我们能从中学到什么来指导自己的生活和行动？对于真正伟大的人来说，他们的奇特只能成为我们的榜样而不是我们的标准。但是，无论是伟大的人还是平凡的人，都不只是由天生的才能所决定的，而是由一定的人文素养和特定的外部条件所造就的。

海森堡对物理学的影响是深刻而全面的。1920年，海森堡在慕尼黑大学的老师阿诺德·索默菲尔德（Arnold Sommerfeld）在第一个学期给19岁的他布置了一个关于非正常塞曼效应的作业，引领他进入了原子物理学的领域。然而，索默菲尔德非常重视扎实的物理知识，以及解决实际物理问题的动手能力。因此，他坚持认为，海森堡应该在他的博士论文中将液体湍流理论这一课题更多地作为踏实的基础研究而不是博人眼球的研究。但是这并不妨碍海森堡沉浸在令人兴奋的神秘的原子物理学的新世界。1922年夏天的哥廷根“玻尔节”以及1924年在哥本哈根访问期间，他与尼尔斯·玻尔私下的接触给人留下果断冲动的印象。不久之后，我们现在称之为“量子力学”的成果出现了并名噪一时。其中又有怎样的故事？

海森堡已经开始猜测能够正确表达氢原子谱线强度的公式，但起初他未能成功，因为这一问题过于复杂。然后他在一个更简单的动态系统上尝试了相同的方法。为了达到预期的效果，他为他的计算设计了一个新的“游戏规则”，在艰苦的个人调查中测试了它们的一致性和物理适用性，最终得出了一个新的计算规则，根据这个规则，两个测量量相乘时，必须注意它们的顺序。马克斯·波恩用经过训练的数学视角辨识出了数学家熟悉的矩阵运算。因此，一个新的量子物理学正式框架被发现，而这个框架的成功扩展与帕斯库尔·约当（Pasqual Jordan）的参与密不可分。海森堡并不在乎这些数学解释，他对此几乎感到困惑。他的兴趣主要在于对这种新的奇怪机制进行概念解释。

这一发展指出，原子物理学超出了古典牛顿力学的范畴。我们熟悉的概念，如电子轨道，不仅对量子体系的描述毫无帮助，甚至还与之相矛盾。他们不得不提出一个“模糊不定”的概念，在这个概念中，“粒子”和“波”这些表面上看似矛盾、实则互补的概念融为了一体。海森堡于1927年在其著名的“测不准原理”中定量地阐述了这一经典理念的概念性解决方案。他与玻尔共同研发的量子理论的“哥本哈根诠释”，于1927年引导出新物理学的概念性结论。其中一个重要的见解是：“事物”必须被阐释为“过程”。

尽管海森堡此时已经获得了巨大成功，接下来的几年他仍旧在最有趣的地方探索新的开放领域：1928年他成功地对铁磁性的量子理论做出解释；1929年，他开始与沃尔夫冈·泡利共同进行波场的量子化；1932年及其后几年，他撰写了基础性的关于原子核结构以及核力的作品；1936年，他研究宇宙射线及其高能量属性；在战争年代他对核反应堆进行计算并参与了原型的建造；战争结束后，他尝试探索了一种超导理论，很久之后的

1957年，在约翰·巴丁（John Bardeen）、利昂·库珀（Leon Cooper）和约翰·施里弗（John Schrieffer）的研究下，这个理论被证明是错误的。1950年以后，海森堡转向尝试对物质的最小构建单位——基本粒子进行统一的动态描述。这项充满野心并且十分艰巨的任务让他忙碌了20多年，直到他1976年2月去世。

尽管海森堡的科学研究工作纷繁丰满，令人印象深刻，但是同时也清楚地展示了他的一个根本的目的，即促成对微观现象的统一描述，得出一个全面的、动态的自然基本规律。因此，海森堡所做的努力与阿尔伯特·爱因斯坦有些相似，他们都试图在对宏观现象和引力的普适性描述中找到答案，但是因为波尔–海森堡量子理论与经典物理学存在冲突，所以爱因斯坦拒绝使用这个理论。回望海森堡在过去20年里对基本粒子的基础动力学研究，这个年轻人的工作看起来几乎就像是为解决这样一个巨大、多层次而十分复杂的任务而做准备一样。

与沃尔夫冈·泡利共同研究的量子场论为他的理论表述提供了适当的方法框架。他惊喜地意识到，由保罗·狄拉克提出的将爱因斯坦的相对论纳入量子理论中会自然地导致粒子概念的进一步分解，因为在基本粒子水平之下，复合系统和它们的组成成分之间不应该存在更有意义的区别。在粒子概念的这种软化过程中，他看到了一条能够拯救量子场论的道路，这条路可以令量子场论摆脱从一开始就面临的最核心的困难。

在这里，我不想详细讨论其基本粒子的统一场论。总之，可以说，从他的单一基本粒子理论中衍生而来的许多基本思想已经被证明是非常出色的，但是他在1958年与沃尔夫冈·泡利进行共同研究时未发表的作品中提出的这一理论的特殊形式在今天备受争议，由于新认知的产生，大多数物理学将这个问题视为是已解决的。但是，只要统一描述基本粒子及其作用力功效的目标尚未实现，人们就应该谨慎些，不要急于做出最终判断。

当时的气氛可能同海森堡在他1925年于黑尔戈兰（Helgoland）写下的自传作品《部分与整体》中所描述的发现量子力学时一样令人印象深刻。他在回忆录中讲述了在阿尔卑斯山的一次高山徒步旅行中，他与一群年轻人在雾中迷失了方向：

> “周围环境的亮度开始变化。显然，我们走进了一个雾气弥漫的区域。在两条较浓的雾带之间，我们偶然地看到了阳光勾勒出的上方悬崖的边缘，我们曾根据地图猜测过它的存在，这一瞥足以让我们清楚掌握周围的地形……”

在海森堡去世的前几天，我与他进行的最后一次对话中，他回顾了与泡利在1957年底密切合作的那段日子，并留下了这些话：

> “那段日子与我在黑尔戈兰的经历很相似，但又非常不同。我知道基本粒子物理更加复杂晦涩，几乎没有任何快速取得突破

的希望。由于我已经做了多年的研究，所以总是觉得自己走在正确的道路上，但泡利总是提出反对意见，他一再催促我放弃这些无意义的研究。他突然对这个等式的新形式感到激动，这感染了我。泡利的欣喜却让我冷静下来，因为以往的工作经验告诉我，后面还要面对很多工作和难题。”

1958年年初，在我离开加利福尼亚州到达哥廷根之前，沃尔夫冈·泡利前往加利福尼亚州并作为客人留在了那里，为此，海森堡深觉遗憾，这两位老朋友之间的科学讨论只能通过信件来继续。这是非常令人不满的，因为很快就出现了迫切需要会面口头商议的问题。泡利对这种困境深感失望。1958年2月底发生的一系列铺天盖地的新闻报道促使他冷静下来，那时全球各地都出现了“新世界公式”等疯狂的标语，甚至有人宣称这将是“物理学末日”。海森堡在哥廷根大学常规的物理学讨论会上不带个人立场的（并非是通过采访或类似的方式）就他与泡利的书面理论进行了热情和乐观的讲演，将这场媒体风波平息下来。在遥远的加利福尼亚州，泡利和其他许多物理学家一样，也感到沮丧和愤怒。1958年3月1日，泡利给他的朋友兼同事乔治·加莫（George Gamow）写了一张明信片，其中，作为对“海森堡宣言”的评论，只有一个空洞的正方形，上面写着：“我可以像提香（Tizian）一样作画。”下面是一串细小的字迹：“只是缺少细节。”

我被这种态度激怒了，尽管从我自己的经历来看，我知道海森堡被许多美国同事（爱德华·泰勒除外）视为希特勒所谓的“炸弹制造者”。这次争端在1958年夏天的日内瓦高能会议上达到了高潮，海森堡和泡利再次相遇。在汤川秀树（Hideki Yukawa）之后举行的第二次发布会上，海森堡发布了专题报告，开幕式由泡利担任主席，发言如下：

“会议的主题是关于场论的基本思想，但正如我们即将看到的或已经知道的那样，根本没有新的想法……”

当时我很钦佩海森堡的谦逊和隐忍，因为他以放低自我的方式做出了回应。无论如何，已经完成的“统一场论”从未由海森堡和泡利共同出版过。但是，泡利和海森堡之后却握手言和了。

令人惊讶的是，即使在今天，在马克斯·普朗克与爱因斯坦得出矛盾结果的100年后，在尼尔斯·波尔和维尔纳·海森堡对我们社会及其科学领域进行深刻创新的25年后，我们对现实的理解也发生了深刻的变化，这几乎无法从哲学层面和认识论层面进行理解。这并不是由新想法的失败导致的。相反，量子物理学，这一用来描述物理学新进展的分支，在其得到解释后的80年中，物理学的所有领域都获得了前所未有的成就，并且迄今为止这些成就已被证明是无与伦比的。最重要的是，这一切引发了令人难以想象的技术发展，毋庸置疑地在我们这个时代留下了痕迹——无论好坏。因此，没有新的认知，现代化学、核技术以及现代信息技术就不可能实现。尽管所有这些种类繁多，令人惊讶的结果已经从科学层面被人们接受，但即使在今天，在某些方面科学仍然无法得心应手，同时它还要也采纳一些新奇的观点，这些观点能让新物理学在未来变得更容易理解。由于20个世纪初微观物理学的新发现，之前的科学世界观产生了根本性的变化。更令人惊讶的是，自从他们做出理论解释以来，在过去的80年里，这些革命性的见解对其他科学几乎没有产生影响，只是非常肤浅地走入了我们一般性的社会性思维。

物质、形态、形式

人们只是谈及新物理学的时候，就已经觉得很困难了，因为它对我们语言来说是难以理解和描绘的，尽管它发生在我们日常经历的环境之中。海森堡在他的著作《部分与整体》中表述过这种特性与困难性：量子论就是表现这种困难性的一个很好的例子，人们可以完全清楚地理解这个理论。与此同时大家也都明白，只有在图片和比喻的形式中，人们才能把这个理论讲明白。当表述新物质的时候，白话语言就会失效，尽管人们已经清楚全面地了解了这个事物。物理学家理解这些事物会更容易一些，他们可以通过更高层次的抽象思维和数学语言的灵活性来高度理解这些不能直接想象的事物。

量子物理的原始基本是形态结构的关系。它们不是一种物质，当这种非物质形态的东西凝结到一定程度，形成糊状，然后才开始成为一种“物质”。世界上是没有东西真正存在的，没有存在的东西。存在的只有转变、变化、运作和过程。我们错误认识了变化的主要含义，当我们在本体论上把变化描述成：A随着时间的推移变成B。而实际上既不存在A，也不存在B，更不存在时间，只有形式的变化，只有变态。这种形态变化原则上不能孤立，因为它们是开放性的关系结构。因此只存在唯一一种形态，这就是“世界”，就是潜在的“现实”，仅此而已。而这一形态原则上不能分成组成部分，它是不可分离的。因为这种分离与我们物质上的认知和想象有关，即局部具有与整体相似的特征，或者至少可以用相同的概念来描述。因此世界呈现出一种不可拆分，具有整体性的一种状态。而基本粒子的变化过程不是这样的，它们不会因为某个原因而产生一定的作用。它们的变化自发地、活跃地发生与进行。一个粒子在这个地方消失再在那里出现，然后我们就说：它是从这儿移动到了那儿。

在我们的旧物质世界观中——为了解释世界——从大爆炸开始，加上后来的能量载体之间的相互作用，我们就惊奇地想知道，不同物质的这种激烈碰撞，是如何一起成功地形成如此复杂的结构，直到最终形成人类。具象世界是这样发生的，现在的状态被理解成一个由大量的不可继续分解的、没有结构的、不能被破坏的粒子（如原子或基本粒子）组成的一个集合。它们彼此保持完全一致，由于它们天生自然和有规律的互相作用，通过时间的变化以精确的方式改变它们在空间中的排列顺序。时间以线性方式行进，并且从一开始就无法解释。但时间上的不可变性在我们的感知和描述中起着特殊的作用，并且这种状态会被我们直接理解成“物质”。这种时间上不可变的物质成块保证了我们世界的时间连续性，它们支撑了未来存在的“必要性”的这个观念。

什么使古典物理学如此成功？古典物理学有以下这个概念：除了我们存在的这个世界，还存在一个世界，这个世界里我们不能作为观察者观察这个世界，但在这个世界中事物是以物质形态存在的。现实就是现实。现实（拉丁语中代表：东西）意味着，世界由东西组成，也就是说由物质组成。这些物质存在于一个三维的空间和时间中。关于时间，值得注意的是它的表达方式不同于三维空间。我们能够接触到的，就只有一个时间点，也就是短暂的当时。我们直接经历到的现在非常短暂，并且瞬间变成无法重来的过去。因为已经有了一个新的当下，一个新的现在，从我们过去想象的将来变成现实。这仍然让人不能理解，为什么当下对我们来说，只能是一个接着一个，一层接着一层地在我们面前展现，而未来发生的事情对我们的生活和生存如此重要。然而，我们通过过去不断地发现克服了这种无知，即现今的每一个当下不是简单的一个接着一个，而是在这存在着一个更深的联系，一种因果关系，在确定的产生原因的现在，会导致将来确定的某种效应。时间层的分配遵循特定法则和自然规律。未来由此来确定它的具体形态并为我们所预见，世界就像机械钟表一样，单一而明确地运行。

在技术层面上我们利用这种法则来构建我们想要的未来。但这种设计的可能性只有在人作为未来构建者而不是自身作为钟表结构的一部分时才能实现。因此我们为人类设定了一个额外的精神维度，以此实现对未来预知的可能性。这种精神层面不该与机械自然有关，而应该是“上帝一般”的存在。我们在生活中以“亲爱的上帝”为名，在这个星球上以他的名义，一定程度上作为共同创造者的身份对世界上的事件进行干预，并尽可能地向好的方向引导。从此就出现了这样的格言：“知识就是力量”。

在经典理论描述的框架中，我们有一个严格确定的自然世界，由有智慧、有见识、有学问、有知识和多样技能的人故意操纵和控制。他必须尽可能精确地了解并掌握这个自然世界的状态和法则。由于精神维度与物质维度的不同，在这个观点上人与自然的关系原则上就分离了。人类变得神化，而自然走下神坛，分化线就此形成。那每一个人在这个高度的感知上都是一个人吗？又或者说正如之前所假设的那样，根本就只有那一个人？否则，为什么人会与动物王国中更近的或更远的亲属如此不同，甚至与整个美好的生命王国分离？

在经典理论中，更多的知识就意味着更多的权力。人们一直在想更确切地描述，这是什么。后来得到确认，这个人类一直在探究的东西，就是物质。但是这个物质包括了它们的形态。因此我们说：物质是最基本的，形式是一种与物质排列有关的衍生物。有没有哪种物质不存在形态结构？为了找到这种物质，我们不断地分解物质。最小、不能被继续分解的粒子，就是没有结构的物质。我们称之为“原子”，它是不可分解的。在寻找这些“原子”时，我们一直能遇到更小的粒子，包括所谓的原子，这些都是构成化学元素的基本粒子。但是它们被证明也可以被拆分成更小的单元：原子核和核外电子等。我们刚刚错误地认为我们得到了最小的粒子，然后紧接着就发现了更小的，接着对这些是否是最小的粒子的怀疑越来越大，于是永远也不会走到尽头。但我们以完全意想不到的方式走到了目的地。即在原子和构建它们的模块的层面上我们几乎可以确认，它们不再是以物质的形式存在了。由此我们得出之前已经得出的结论：物质并不是由物质组成的。原子以及它们的“组建物”不再具有物质的性质。这是一种纯粹的形态结构，也就是说：我们得到一个与经典理论中的等级制度相悖的理论。

经典理论认为：物质是基本，而且是非常重要的：物质保持其原有的特性，它是如此可靠，因为它——不同于那种根据自然条件的不断变化的形式——在时间上保持不变。当下有一个新的见解：形式（或者更一般地说：一种形态），是不随着时间的流逝而变化的。物质基本上是不存在的。物质只是原子形态通过转变在空间上更高层次的表达得到的“似乎”现象。这是现代物理学的革命性开端。

联系构成的世界——一个新的视角

迄今为止，作为一名物理学家，我仍困惑于不知如何用微观世界和原子世界来描述物质世界。但为了探讨我们对世界和人类的看法，就必须引入一个新词，现在我用效应来代替经典物理学中的“粒子”。所谓效应，是非物质的微观过程，就像蚁穴中的蚂蚁的“嗡嗡”声一样。如果很多这样的效应剧烈震动起来，我们就会惊喜地发现，它们的平均值是与旧物理学及其世界观所相契合的。然而，我们所熟悉的平均值是一种粗略的考量。它的粗糙程度取决于效应的数量及其混合程度。1克的物质中包含万亿平方数量级的效应，这意味着均值的方差极小（万亿分之一）——在效应充分混合的前提下。难道说只有没有生命的物质被震动和平均掉了，但是对于生物体而言，这种混合因某种原因受到了阻碍，这样我们世界中原有的生命力就会浮于表面，并且使我们易于辨认。

这种粗化不但忽略了现实是一个不可分解的整体的特性（如果能进行

整体和部分的区分的话，“部分”的优势就可以体现出来），而且即使在粗略的意义上来说，这种可能的“部分”也具有经典粒子的特性。根据海森堡不确定性关系，它们是不精确的。因此，在描述中，我们不喜欢以质点的形式，而是偏向于以“模糊粒子”来表示，就像化学家用的众所周知的球形模型展示原子壳中的电子分布情况。

从新物理学的角度来看，关系结构不仅仅是由虚拟的“建筑单元”（原子或分子）之间多种复杂的相互作用产生的，例如原子中电磁力形成的原子壳。除此之外，它还由于更加紧密的、量子物理中典型的、整体的关系结构而存在。严格地说，它禁止我们理解这个系统的建筑单元，而是要求我们理解这个系统整体的含义。

电磁场是一种不以物质（假定以太不存在）填充一个空间的场，一种非物质的“形式”，在一定意义上可以说是虚无的形式，它的结构高度分化却是一个整体。它的高度分化的表现有：我们的电话、广播和电视节目；太阳、月亮和星星的存在，以及其他能够被探测到的东西。或者，举一个更有说明性的例子，当我们欣赏巴赫（Bach）的《马太受难曲 》时，我们能听到小提琴、大提琴、女高音、复调合唱团和不同的管弦乐。我们拿起碟片问：“哪个部分是女高音？”我们只能看到碟片上螺旋状的凹槽，即使我们使用放大镜或显微镜，也找不到女高音。女高音以其不同的色调，隐藏在凹槽中，被编码在关系结构中。物质记录只是一个次要的、可更换的载体；它也可以被记录在CD或者磁带上。

就普适量子物理学而言，比较物质记录可能会产生误导，因为就像在碟片上，凹槽的位置作为一个整体包含了波形的所有信息，之后以声音的形式传到我们耳中。一个确切的位置代表一个局部放大的很多音调的叠加，就像一次短暂的碰撞会形成一道划痕，一个纯粹的音调形成的形状会分布在整个凹槽的长度中。因此，有一个类比量子力学中的电子或光子的粒子和波的描述。在普适量子物理学中，形式“生活在”高维空间中，与我们可理解的世界的三维空间没有任何共同之处，但它能在三维空间留下印记（实现）。

因为根据量子物理学的观点，古典意义上的粒子不再存在，严格地说，没有随时间变化而保持不变的物体。因此不言而喻，在时间上连续的物质世界也是不存在的。这意味着什么？目前，我们对所有事实的观察量都不足以清楚地预测未来事件。这种观察只能为某种未来将实现的可能性做出一定的预期。未来事件按时间序列既不是确定的，也没有明确界定，在一定程度上保持开放。

从微观上讲，我们不可能根据现在发生的事情而清楚地预测未来。未来是开放的，但并非完全开放，也不是偶然的，因为我们仍然能够确定序列中无限多样性中某些事情发生的概率。我们用掷骰子的例子来说明这一点。我无法预测到我会掷出几点，但是，当我同时在桌上掷出100万个骰子时，结果会是相对明确的：每种点数出现的次数是大致相同的，平均误差大约为千分之一。因此，未来受到特定的与所谓的守恒定律以及动力学的对称性特征有关的一般条件的制约，尤其是能量守恒。根据爱因斯坦的理论，“质量”是一种集中的能量形式，电量维持等也是能量集中的体现。它们确保了在整个属性的平均值上，古典物理学的特征得以保留和体现。

因此，微观上不确定的自然规律是这样的，从统计角度看，我们所熟知的古典自然规律在宏观上依然适用。在这种粗化下，未来似乎是确定的。似乎存在这样一种因果关系：B由A产生；只存在一些极其微小的偏差。物质就是这样形成的，它可以被分成细小的碎片，这些碎片也是物质并将一直保持原物质的性质。更进一步来看，微观上的形态特征在决定我们所熟悉的宏观世界中相应的物质的性质上起决定性的作用。

形式比物质更加基础的这种想法对我们来说是很难接受的，因为我们所理解的日常世界中的形式，是由物质的排列衍生出的，但实际并非如此（图3.3）。每一次经历和经验首先都是一种关系，是观察者与被观察者之间尚未解决的一种关系。物理学上定义的物体是与主体分离的物质对象，是抽象的结果，在抽象中我们将所有可能的观察结果进行平均来分离出被

图3.3 “世界的基础不是物质的。”汉斯彼得·杜尔用现代物理学的新世界观，极具画面感的语言解释了这个“疯狂的”观念。用他的老师维尔纳·海森堡的话来说：“量子理论就是一个很好的例子，人们完全理解一个情境，却只能用图片和比喻来说明它。”

观察对象的特点。通过这种抽象化，我们得出了一个概念性的描述以及一个我们的感知所熟悉的、物化的、简化的世界，这个世界是为经济量身打造的，其中价值是以可交换性为基础的。顺便提一句，在生命文明和大多数先进文化中，关系结构比物质扮演更重要的角色。

我们所说的“活的”物质不是与通常的“无生命的”物质相对应的。活的物质本质上都是相同的“物质”——它实际上并不是物质。当整体系统处于一个不稳定的平衡状态时，它们的生命特征便在宏观上显现出来。在一个不稳定的暂停状态下，这种活性、开放性、不可预测性、创造性和所有那些我们在物质的问题上曾想到过的，真正作为现实的基础的事物，便显现出来了。这种活性即使在“无生命的”物质上依然大量存在，只是被平均掉了。“活的”结构中的深刻不稳定性使这种平均值无法被单方面的、敏感的放大机制所掌握。

生命的秩序

宏观生命体最本质的要求是混乱度。对我们而言，一方面这是一件很明显的事情；但另一方面听起来不太合理，因为生物显然也表现出了一种秩序。但是，当混乱与混乱相结合时，它不仅不会导致超级混乱，反而还能创建有序结构。但是，这些结构不是固定的，而只是以某些模式为特征。这一点通过实验来证明：我将一滴润滑油放在由有机玻璃制成的空心圆柱体的底部。润滑油是一种有黏性的液体，其中液体颗粒一方面可以进行相对移动，另一方面可以体现液体的黏度，但这会受到液体颗粒各自环境的强烈影响，可能导致混乱流动行为。然后，我将一个气缸塞插入空心圆柱体并将其按下，这时润滑油滴在底部变成薄膜。接着，我慢慢地拔出气缸塞，使空气从四周流入。会发生什么？结果是一个花丝状的分支油结构。我可以反复推动和推出几次。一次又一次，我得到了一个特定的模式，一个类似的结构，其中没有哪种形式是完全一样的。这可以作为一个例子，当混乱与混乱相结合时，秩序结构可以再次出现，但它们在细节上并不相同。

这不正是生命的特点吗？橡树叶再次变成橡树叶，我也承认它是橡树叶，但每片叶子都不是一样的。同样的非物质如同无生命的物质，会导致那些类似生命体结构的连接的不稳定（或者就像致敏一样？）这真的有可能吗？可以想象，我们所谓的生命物质实际上反映了物质的基本结构，其中各个“部分”彼此合作创造出像活细胞那样，甚至是人类的东西？这对我们的世界观而言意味着什么？因为未来从本质上讲是开放的，但是请注意，在这种背景下，一如既往，世界每时每刻都在被重新创造。某些事物是事先就可以确定的，但它们基本上是从旧的事物中得出的。正如人有习惯，人类一如既往地毫无约束肆意发展。但一切都会涉及对未来的塑造。未来不是简单的事情，它是由现在发生的事情决定的。因此，自然进程不再是机械运动，而是以持续的创造性的发展为特征。从某种意义上说，世界每时每刻都在以一种“可能性的形式”出现，而不是以一种“事情任意发展”这样的纯粹偶然的形式出现。现实从作为不可分割的“可能性”的一部分中产生，可以通过不同的方式实现，但严格地说，现实不再能够被解释为局部状态的总和。现在的世界与前一瞬间的世界从物质构成上来讲并不完全相同。只有某些形态属性（对称性）具有时间不变性，这在现象学上表现为守恒定律的形式——例如能量守恒定律、动量守恒定律和电荷守恒定律。但是，“前一瞬间”的世界预示着未来世界的可能性是这样的，即从某种粗糙的视角上看，世界似乎由若干部分以及特定的物质组成，如原子这种不会随时间变化的基本粒子。

新物理要求的突破是深刻的。这表明我们需要的不是仅仅一个范式改变，而是要解释仅仅停留在感官现实上的现实根本不是真相。如果现实最初表现为一种“既……也……”的潜在性，那么它是唯一一个能够实现我们所熟悉的物质现实的可能性，这种物质现实是受到“要么……要么……”这样的选择逻辑限制的。潜力表现为一个整体，基本来说是不能拆分的。以我们的通常观念为背景（这些观念受到古典物理世界观的决定性影响），这简直骇人听闻，令人无法接受——这些矛盾是显而易见的，但同时也是无法回避的，你必须在这一点上改变物理学的基本观点。

这意味着什么？自然因此在本质上只具有连通性，它的物质性随后才得到证实。当连通性与连通性联结起来时，在这种模糊的形式下，物质就像它最初存在的那样出现了。“只有连通性”对我们而言听起来十分奇怪：有些东西是复合而成的，而这个东西本身却又是基础的？如果不考虑它所涉及的东西，我们很难联想到连通性这个性质。我们的语言中只有少数几个名词能表达连通性：爱、思想、生活。相比之下动词更适合描述连通性：生活、爱、感觉、行动、存在。所以我们说现实并不是物质的现实，现实是纯粹的连通性和潜在性。现实是在某些情况下以物质和能量为表现形式的可能性，而并非这种表现本身。这种基本的联系使世界成为一个统一体。严格地说，世界是无法被分割为几个部分的，因为所有的一切都是彼此相互关联的。所以我们并不能用一种简化的手段去了解这个世界，即将世界拆分为几个部分，对每个部分分别进行调查，之后再用一种对我们来说似乎十分合适的方式将这些部分粘贴起来，重新获得一个世界整体。

还有更加疯狂的事情：当我们用日常用语来讨论粒子时，我们会说电子从A点运动到B点，现在我们用现代方式来描述：过程如下，一个电子在A点出现，不久后在别的地方，比如说在B点，又有一个电子被检测到。这看起来就像A向B运动了。但这个描述是不正确的，因为A和B中间没有电子被观测到。因此更准确地说。这个所谓的在A点的电子在这个过程中消失了，在B点被重新创造出来。

因此我们意识到：我们所认知的现实并不是真相，不是真正的现实。而我们认知到的现实之外的可能性也并非真相本身，而正是那些可能性，那些将各种方法论变为现实的可能性，将理论变为了现实。但它们基本上只存在外形，仅有关系结构而没有物质联系。我们也许可以称它们为：信息，或者更准确地说是“被传递到了的信息”，因为我们无法掌握它们，但可以掌握它们的结构，这就值得我们关注了，因为当它们凝结到一定地步的时候，就像物质一样好像能被触摸。然后我们就会去想，我们能抓住它。关系结构比存在着的相互关联更加基础。无机物和有机物不再有根本上的不同，只是静态平衡与动态平衡，而动态平衡就是静态的活动关节与粒子聚合而成的一体。由此我们得出了重要的结论：在这样的看法下，人类和自然就像自然中的一切一样，都不是割裂的。

这并不意味着，未来会有大的本质差异出现，即在有条件的开放的未来下，不会出现特别与众不同的可能性。这种有条件的开放的未来对我们对世界的理解、世界的演变以及我们与世界的关系具有重要意义。这意味着：生命不是由一种特殊的物质构建出来的，而是普通物质的另一种展现形式；我们也不是物质，而是一种序列，一种赋予我们生命的序列。这种本质的、潜在的东西，相较物质（现实）更适合用精神来表征。这种精神上的独特结构意味着我们不仅在物质上拥有可能性，还意味着我们的肉体与精神是不可分割的一体。而在物质上或者在生物系统上我们只被看作是一个结构复杂的个体，只是由粒子构成的一个人体的近似物。

但是，平衡力量的能力是有限的。所以，作为人类，我们不能不考虑整个自然结构突然崩溃的风险。尤其是当太多的人在自然结构的顶端肆意妄为时，人们就需要更快地构建更高的建筑物，甚至开始从这个结构的底部抽出一些东西，并抱有这样的想法：为什么我需要这种或那种小动物，或是这种植物？ 在日益膨胀的狂妄和越来越快的动作中，我们越来越频繁地陷入一种无意识的诱惑中：从我们的下属结构中获取地盘。然而站在整个结构顶端的人类并没有意识到，我们以复杂的方式依赖于我们的下方结构和身边的一切。

生物系统是一个亚稳态系统，而并非是一根稳定的花岗岩支柱。我们从精神上对现实进行掌控的敏感度源于动荡。当我们处于稳定的基础状态时，虽然在我们身上什么也不会发生，但是我们的精神已经不能在我们身上表现出来了，对世界的认知和思考将被埋没，因为所有生物都有的坦诚、创造力、精神和灵魂都会在这种情况下被平均，然后渐渐销声匿迹。

这个世界上不存在随着物质的构成和消散以及时间的变化自身却毫无改变的物质粒子。无中生有又归于虚无，这种创造性的过程是存在的。当我提及“真正的创造过程”，这意味着我们不能将它理解为“演化”。我们有一个全新的世界布局，但是在这个布局里，创造并不会随着时间的推移而发展（就像一张皱巴巴的纸张慢慢展开）。在任何时刻，世界都是在不断更新的，但是这种更新是有记忆的，是在之前的世界基础上的更新。也就是说，世界并不会是截然不同的，它和以前的世界是相似的。但是这个新世界的创造会有一点“无聊”，比如桌子，在不断重新创造的过程中，这张桌子除了复制自己以外，并没有产生或者是变成别的东西，也就是它一直在制作自己的副本。我们把这些无趣的现象称为物质或能量。所以，所有这些无趣的东西可以说是以集中的能量或物质的形式出现的。不幸的是，这正是我们引起的！

现实是具有创造力的、无边界的、开放的、动态的、不稳定的、不可分割的整体。我将这个现实描述成精神性的。世界的基础不是物质的，而是精神的。而物质在某种程度上来说是精神的残留，它的形成经过了一种凝聚过程。

从以上的内容我们可以得出，生命的本质在于它的不稳定性。只有这种短期内就会消失的、脆弱的、不稳定的状态，才能促成这种高度有序、且富有差异化的结构的产生。到这里就有一个问题：是否有办法可以将这种不稳定稳定下来？这种情况确实存在，而且我们每天都在练习：从静态角度看，我们用一条腿站立是不稳定的，用另一条腿站立也是处于同样不稳定的状态。但只要我们开始行走。我们就从一个不稳定的状态转向了一个稳定的动态平衡的状态（如图3.4）。这就是生命的本质：将静态的不稳定整合为动态，并且也拥有不稳定时的优

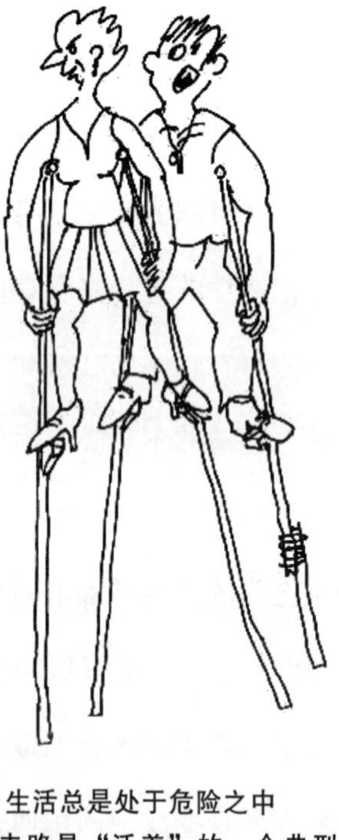

图3.4　生活总是处于危险之中
两条腿走路是“活着”的一个典型例子：这种动态稳定是由一个不稳定到另一个不稳定的转换组成的，这种转换让任何一种的前进都成为可能。

点（即不确定性，在某些情况下会成为创造力与决策力的根源），这种组合可能会遇到特定的阻力。但不会因而坠落到静态静止的状态，即死亡。我们有些人已经保持了这样的平衡长达80年时间。

知识的边界

在阐述了新物理学的这些观点之后，又出现了另一个问题：我们真正能够知道的东西有什么？科学知识以及我们基于科学的认知如何与我们的自发经验，与我们对现实的最普遍的体验联系起来，我们能从中理解到什么？现代物理学的发现以一种令人惊讶的新方式提出了这些问题，科学知识的基本障碍现在清晰可见。并非一切都是可知的，更确切地说：有一种知识在原则上是不可知的。但是，这不应该被视为一种消极的限制，因为知识不是一切。相反，在我们所想象的现实中，知识的基本界限更加开放并给我们以新的空间，我们要相信，这意味着我们发现了更多尚未了解的东西。

新物理学下的世界观带来的一个重要影响是使我们明白，认知是有边界限制的，而这一界限并非是由我们眼下的认知状态所决定的。当然，我们知道有很多事情是未知的，我们认为这是一个缺陷，并希望随着时间的推移努力消除这种未知，我们孜孜不倦地从别人那里学习那些已经被了解的知识，这种小范围的成就并不能使我们满意。于是我们进一步质疑，我们冒险进入未知的、系统科学的领域。通过我们的研究，知识的局限性得以突破，进而将我们带入新的研究领域。现在我们面临一个生物学上的困境：作为科学家或作为知识的寻求者，我的生命即将耗尽。

但是，不仅存在着临时的边缘和界限，还存在真正的知识边界，原则上不能被跨越的界限。我们所说的知识，即可知的知识，都需要某些先决条件。很多对我们生活而言至关重要的东西是无法获取的，也因此一直处于我们的视线之外。于是便有了内部和外部之分，生活的经验基于认知而其余的则基于信仰。从历史的角度来看，这不是一个革命性的见解，而几乎是一个真理。令人惊讶的是，这种洞悉却来自科学——甚至可以说来自物理学！而过去，物理学家曾坚定地相信，一切都可以被认识，而信仰充其量只是权宜之计。

然而，在科学上建立起对这个世界的新解释用了超过25年的时间。因为我们习以为常的理解不再适用了，这是一个痛苦的、充满抵触的过程。即使在今天，对新世界观的学习过程也没有完成。实际上，从新世界观中吸取的必要经验教训似乎再次被遗忘，这是相当惊人的。因为现代技术的基本要素，例如对信息技术至关重要的微电子以及原子弹，这两项被誉为本时代最杰出的发展。如果没有物理学上的这些新发现就无法运作。尽管如此，在科学和经济学方面，我们仍然坚持着前几个世纪的“思想”。因为它承诺我们，我们终将了解这个世界，并将其“牢牢掌握在手”。同时它还给我们留下这样的印象：只要通过充分的分析和拆解，所有复杂的问题都能迎刃而解。因此，我们本能地抵制那些会让这些失败的新思想。

正是这种洞察力的缺失最终导致了当今社会的许多难题。在社会科学、政治和工业领域，我们试图用过时的想法来驯服20世纪那些从与众不同的见解中成长出的新力量。这如果只是一个耐心等待新思想渗透到社会科学和我们日常政治生活中的问题，那么我们无须为之担心。然而，短时间无法使我们的行为与进步的思想统一，在面对开放的可能性的情况下，人类很可能会退出生命的进化过程。缓慢出现的新科学世界观将促使科学的各个分支——自然科学、社会科学和人文科学——更加紧密地联系起来，并搭建通往宗教的桥梁。

物理与日常经历——尝试近似

生命是一种奇迹。对于我们来说它是一个宏伟的杰作。宇宙因150亿年前的大爆炸而产生，在这样的宇宙中，也许不只是我们的世界中有生命存在。但我们并不能确定这一点，因为通过望远镜，我们的双眼也许能看到明亮的太阳，但并不能看到如同地球一般拥有适宜温度并能够独自孕育出生命的星球。根据我们对地球周围无生命物质的了解，宇宙充满了无数以太阳、星团、恒星、星系构成的系统。物质的生命形式似乎是纯粹的奇迹，是存在可能性极低，复杂、敏感和脆弱的组织形式，是只有具备了非常有限的外部条件才能存在的物质。这些条件最轻微的偏差就能令它们颠覆，导致它们凋零，从而将它们转变为更稳定的无生命形式。

这样复杂的系统到底是怎么在45亿年的地球历史中出现的？这段时间听起来很漫长，但是如果考虑到地球上多种多样的生命：植物、动物，包括我们人类都是通过“先尝试然后纠正”这样有趣的策略进化而来的话，那这样一段时间真的很短暂。假如说，这不是纯粹的赌博，而是通过推测进化过程的相关背景来大幅加快进化过程，尤其是一些有趣的假设，比如地球表面的外部生态条件（大气、海洋、岩石圈和土壤圈）不是固定不变的，而是与生物圈一起稳定成长的系统（盖亚假说）。如果真是这样，那么毫无疑问，我们宇宙中的其他地方也有可能会出现某种形式的生命。

生活，如我们所见，总是处于危险之中，因为它并非架构于一个稳定的平衡之上。对于平衡运动而言，相对较高的稳定性源于一种流动性平衡，正如我们走路时巧妙地将平衡从不稳定的腿转移到另一条腿上。是的，看起来我们似乎可以逐步改进并完善我们现实的原始复制品，最终使我们能够消除所有不确定性。但是，对未来等待我们的是什么总是了如指掌这件事对我们来说几乎没有任何好处。相反，巨大而广泛的不确定性将被数量繁多但大都指向失败的确定性所替代，这是十分令人沮丧的。而在这些大都注定失败的背景下，细枝末节的成功并无法令人们得到满足。然而，当人类真正有能力采取有意识的行动，而不仅仅是富有想象力时，情况从根本上发生了变化。原则上，我们有机会凭借我们的知识和适当的行为，避免预测出的负面后果，并显著增加我们的生存机会。此外，我们可以通过尝试刻意操纵所处的环境，得到想要的后果。因此，知识成为一种权力工具，它唤醒了我们的一种希望——通过逐步完善理解，我们可以在更大程度上掌握和控制未来。在许多情况下，即使只是在很短的时间内，我们似乎也成功地做到了这一点：权力源于简化——通过将力量集中在一起而不是将它们区分开来。但是由于这种简化，它们的存在会十分短暂。理性反思所产生的认识论早就指出，放大机制发生在系统敏感和混乱行为发展的不稳定情境中。最终，在宏观层面上表现出令人印象深刻的生机。因此，生命和无生命物质的形式之间如此显而易见的差异并不一定源于这样一个事实：在具备生命的案例中，一些全新的、精神上的东西突然出现。相反，有生命和无生命的形式只是相同“物质”的不同结构，实际上正如现代物理学所言，根本不是任何物质，而是在某种意义上具有“胚胎”形式的生命 。无生命的情况可以对应于稳定在平衡位置附近的，均衡的组织形式，而有生命情况下的静态不稳定平衡模式是在动态稳定的流动性平衡中，通过“能量泵浦”动态维持的。

新思考——旧语言

但我们的世界观仍然是机械的，因此过于狭隘。这种古老的机械物理学首先用已知的自然法则描述事物的现实，因此生命体和无生命体之间没有区别。如果我们让一个苹果下落，它会遵循重力定律并掉到地上。一切都是确定的，甚至可以说是事先就确定下来的。但对于生命系统来说，这种机械描述是不够的。像人类一样的生物基本上都是不稳定的系统，他们表现出来的稳定性是需要通过恒定能量输入的动态平衡来实现的。然而，新物理学——量子物理学所满足的自然逻辑是这样的：粒子的行为像波一样，波的行为像粒子一样。正是这种模糊性指向了所有生物的起源——一种潜在的通用代码，只不过这种代码是信息。通过这种方式，新的物理学也融入了我们的日常生活，从而变得生动。存在的只有一种持续不断变化着的关系结构和一种没有物质基础的联系。我们只能自发地体验这种没有物质基础的联系，却无法掌握它。我们很难想象这一切。在某种意义上，当物质凝结、固化时，物质和能量是排在第二位出现的。因此，如果我们谈论量子物理学，最好使用动态的语言。在亚原子级的量子世界中，没有任何物体、物质，所以没有任何可以让我们触及和理解的东西。那里只有运动、流程、联系和信息。我们还必须将这些名词翻译成：它们移动、运行，它们彼此连接，它们彼此了解。因此，我们了解，或者说，我们预测和经历了这种生动的根源。我们用爱打个比方：我们将爱想象为两个人之间的关系。但是，爱作为一种现象，让我们在描述和解释它时遇到了巨大的困难。除非我们放弃描述和解释，只是单纯地去爱。

不幸的是，我们的大脑没有接受过理解量子物理的训练。从本质上讲，大脑应该帮助我们从树上采摘苹果，这些苹果首先是为了我们的营养需要，最终是为了我们的生存。我们的生活化口语是一种摘苹果语言，其形成的原因是它非常适合生活。在我实施行动之前，我会在脑海中思考它是否能达到预期的目标——是或否， 这是一种二元逻辑。但这种二元的“是或否”逻辑并不是自然界的逻辑。量子物理学更好地描述了自然，因为在量子世界中存在多价逻辑，一种未定的中间态。我们必须习惯这一点。只要我们的想象是具体的东西，我们就错了。但如果我们想象的东西是模糊的，我们就接近了现实。因为关于它们的陈述是无限模糊的。在情感方面，我们遇到的困难就会小得多。从这个意义上说，我们的感情有点含糊不清，但并非不可理解。它们是一种运动状态，它们的界限是流动的。我们感受到了某种内在的感觉，然后经常将其理解为在我们内部移动，并使我们颤抖和发出声响的东西。我们认为这是一种更为全面的共鸣。

物理学认为，现实不是现实。我们认为现实是一个物质的、孤立的、物质具有自我运行规律的世界。用机械世界观描述古典物理学的世界可能足以满足我们的日常生活，但它并不适用于整体。这就是为什么我不再使用粒子或原子这些概念，而是说“动作”或“进程”。这些动作或进程是对现实的一种微妙的表达，是一种运动的、进行着的、会触发某种东西的状态。假设一个不稳定的系统，例如一片潮湿的雪原，在这里一只小小的脚就可以引发巨大的雪崩。

然而，量子物理学中的领域不仅是非物质的，而且还影响着与我们熟悉的三维空间毫无相关、完全不同并且更大的空间。它是一个纯粹的信息领域，与质量和能量无关。这个信息领域不仅存在于我们的内部，而且还延伸到整个宇宙。宇宙是一个整体，因为这个量子代码是没有边界的。这意味着一件事——一个湖泊不仅仅是水滴的集合，因为一滴水只有离开了湖泊才能被称之为水滴。当水滴成为湖泊的一部分时，它作为水滴的意义就消失了。

因此，量子物理学告诉我们，现实是一种在宏大的精神上，由众多关联构成的东西，我们的世界充满了可能性。现实中存在着众多巨大的鼓励与乐观，我们生活的世界比我们通常认定的更大。我们可以塑造这个世界！我们的西方消费文化，生活中令人沮丧的经济竞争，只是人类前景中极小的一部分。然而，许多人认为经济约束是自然法则。实际上并不是这样，它是一种人为限制。

可持续地利用自然进程

新的世界观可以调和新的矛盾。特别的是，它使人们能够融入自然，同时不必将自然降级，视自然为机器。在这里，自然是不同的、全面的，甚至是精神上的、有活力的。因此我们就可以解决这个弥留甚久，极具争议性的问题：人类的精神能力和采取有意向行为的能力何时会消失？自然何时开始运行在设定好的、经过严肃认定的规则之下？人与自然之间没有明显的界线，尽管如此，人类仍然具有独特性，不仅能够创造性地干预这种情况，而且能够有意识地这样做。

我们与周围世界的关系，特别是我们的人际关系，受到这种认知的显著影响。我们可以假设想要传达的内容并不需要在细节或内容上进行详细描述。不需要把所有的事情说出来，别人就可以理解，就像我们不需要经历对方所经历过的一切才能理解他所说的东西。在我们开口之前，交流就已经开始了。作为更大整体的一部分，我们拥有共同的通识。这种共同不仅包含了人类在任何时候学到的所有东西，而且还代表了整体的精神潜能，在某种意义上是一种在不断学习过程中日益分化的形式，其中知识、狩猎甚至更黑暗的信息被加密，让我们成为如今的样子。这一切都可以在我们的通识中得到体现，每个人都有各自的方法去理解这种通识，但是个人无法构建它。很多我们所谓的交流都不是交流，而是更类似于一种共鸣，一种自我的延伸，因为我们都有相同的根。这种通识的经验不是直接有形的，是很难理解的，我们只能用比喻来描述它。它使我们能够获得无法具体化的见解，这也正是为什么这些见解对人类社会至关重要，因为它们让明确方向成为可能。

然而，物质的、机械的世界在我们生活的许多实际领域中具有令人信服的有效性。机械世界看起来像是一个精神的外壳，而生命的本质是绝不仅仅只是躯壳。今天的生物学家绝不会向大多数人分享这种观点。20世纪，在他们获得的巨大成功的影响下，他们依旧遵循着机械物理自然观念。在我看来，他们对自己的成功产生了误解，他们在自己的成功内看到一个令人信服的迹象，表明生命如同行尸走肉一样，可以充分理解为“躯壳”。对于他们可以通过实验观察和研究的过程来说，这可能是正确的，但是关于这些进程的逻辑以及控制这些进程的流程与相互作用并没有得到很多解释。我完全赞同生物学家的观点，即包括人类在内的生物系统并没有从根本上与自然分离，但这种亲密的关系决不能使生物成为机器，相反，整个自然界从本质上讲就是生命。人类和自然界的其他生命一样，从本质上来说都很有创意。人类和所有其他生命都会参与塑造未来。人类经历的一切 ，可能是唯一的，也是有意识并且是有目的的。人类的创造是有意识的，因此必须要对未来负责。

科学给了我们对世界结构及其随时间演变的深刻理解。它为有行为意识的人类开辟出丰富多彩的可能性，从而达到让自然服务于人类的目的。这种方式的成长为我们生活的世界带来了戏剧性的变化。而这——由于人类目的的矛盾——不仅为了人类的利益，也给自然带来了不利，这个局面对人类而言日益清晰。科学技术给人类带来了严重的生存危机。我们不仅处于“固有危机”中，因为我们可能失去了作为人类所具有的不可分割且固定的超验所带来的直接经验。我们已经处于第二次危机中，这可能被称为“现代的衰竭”。危机是我们——这里所说的“我们”主要在北方、工业化以及“发达的世界”——在日常生活的所有丰饶和喧嚣中，背负着迷失和孤独的情感，渴望并寻求着精神上的充实与意义。我们不知道沮丧的根本原因，因此我们不愿意，也并未准备好吸收适宜的养分。对真正意义上的合理行为的抵制是由于对我们理性的误解或使用不当造成的。理性将自身简化为一种收集知识的能力——关于现实和世界的确切知识——正如我们一般所想的那样 ，并以批判性的方式处理它，让它更适合控制我们有目的的行为。

我们仍然坚定不移地相信，我们的生活和行动几乎完全基于这种有限意义上的理性，而理性的另一面实质上并没有包括慎重权衡的、基于价值的理性，这主要是基于现代科学，特别是自然科学的令人印象深刻的成功，以及我们通过现代技术形式将这些知识应用于生活并付诸实施的行为。正如历史上经常发生的那样，人类总是回到之前的诱惑中：如果我们成功地抓住了“真理”的一小片衣角，我们就认为在这个角落里看到了唯一而完整的真理。我们认为整个世界只是在这个新的视角下运转。我们用智慧、狡诈、雄辩以及有意识或无意识的欺骗和暴力将那些背离我们意志所发生的事物束缚起来。这种冲动源于我们愚笨且缺乏耐心。只能将世界的不透明的复杂性降低，直到它变得更简单易懂，更浅显，更易于我们进行管理，这大概是一个可以理解的愿望。通过这些经过简化的现实概念，我们成功地承受了未来的不确定性，不断将其视为一种存在的威胁，并认为这种威胁在下一刻就会成为一种戏剧性的、痛苦的、致命的现实。

沟通与对话——公民社会的作用

面对由现代科技导致的急剧增长的信息量，我们目前能做的事情不多。如果是交换信息，那么什么都不会发生。只有当我处理完信息并从中创造知识时，信息才会对我有益。理解力的不同与评估型的理性在这里是最大的瓶颈。完成高质量的工作需要时间，不断增长的加速度并不会给人这样的机会。因此，应时而生的数据交换型社会并不能与更难以实现的知识型社会相提并论，因为构建这样的知识型社会会随着数据量的增加而变得相当困难。

我们说，我们的世界变得复杂了。世界一直都很复杂，这一复杂性令我们愈发沮丧，因为我们相信，只有在我们将世界拆解开来，充分掌握它，使它为我们的利益服务后，我们才能与之和谐共处。其实不该是这样，生活意味着学会处理复杂的事情而不抱有太大的恐惧。这就需要了解与自身有关的一些会对更遥远的未来产生影响的事情，以及自己目前所处的具体情况，并采取必要的行动。其他一切都可以退居二线。下一时刻可能会要求我们做出另一种选择，这需要持续关注。我们必须学会在变化多端的未来中自信地生活；学会通过更好的导向、拓扑感知和模式识别来实现更高的安全性。安全性来自粗略掌握关系而非确切地掌握实际知识的能力，而计算机可以向我们提供可靠的、全面的、确切的实际知识。

生物不可缺少的不是大量可获取的信息，而是能够克制眼下无足轻重的、不相干的信息的能力。在一个以混乱为主的世界中，能够从长期角度预测是几乎不可能实现的。因此，即使是那个有着固定目标，并且试图以最佳方式达成目标的人也不是最成功的。与此同时，目标只是滑走了，脱离了他的控制。除非他试图通过对自然的全面操纵来强行“修复”它。尽管人类具有“巧智”，但这也只能在非常有限的范围内取得成功。任何在生命进化中最终幸存下来的，有着不断变化的目标的人都必须有这种能力：不能只专注于一个固定的目标，必须能够成功地应对未来的各种挑战。这就需要增加选择的生动性、灵活性和数量，而不是最大化特定选项。这就像是为一场新的奥运会做准备，直到比赛前夕才决定哪些运动员或是哪些团队应该参加哪些项目。在这种情况下，为了最终良好的表现，运动员或他们的团队必须以不同的方式进行准备，这和为现实生活的准备十分相似。正是因为人类巨大的灵活性，而并非是人类特定的体能，使得人类迄今为止取得了如此成功的发展。灵活性在这里可以通过广泛的多样化以及建设性的多元化合作来实现。

信念、理解和感悟——被遗忘的卓越

在不同事物间的共同点建设性的合作中，而非在不同事物之间彼此抑制的情况下，我们认识到一个世界观和一个上帝的形象，正如我们高度发展的文明和宗教传递给我们的一样。今天我们已经忘记了如何正确地解释它们，因为我们越来越关注短期成功而不是长期规划。在我们的印象里，道德需求、宗教见解和文化联系塑造只适合周日和下班后的时间，而不适合繁忙的工作日。日常生活的匆忙、仓促、喧嚣中，我们失去了直接体验彼此之间深度关联的能力，并难以继续从这个丰富的源泉中汲取力量和智慧。

通过对3000多年科学和文化历史的研究，我们了解到，任何时候都存在一种风险，即高估我们在具体解释和含义中发现的、所谓的真理。但是，我们不应该陷入完全拒绝所有不符合理性论点的反对性错误境地。相反，从今天的观点来看，有趣的是，一些事情只要在更深的意义层面上被证明是真实的，在某些陈述中就是真实的，即使这些陈述与其在完整性中进行的具体观察是有分歧的，甚至是相互矛盾的。这些陈述必须始终被视为对那些难以理解的超验的比喻。因此，只有从更高的角度来看待这些陈述时，它们才是彼此兼容的。对此我想举个例子。

我们即使拥有丰富的想象力，也无法想象拥有四个空间维度的物体。因为我们只习惯高度、宽度和深度三个维度，并且在我们的想象力中只存

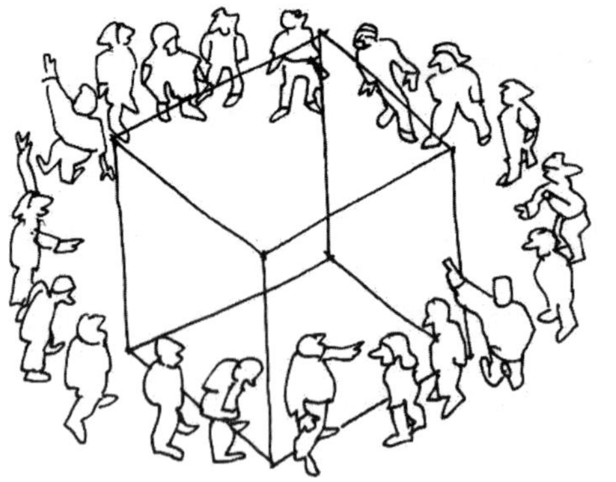

图3.5 我们相信，我们能够理解那些我们无法洞悉的东西

“透明”立方体是一种倾斜现象：这取决于我在“哪里”看这个立方体，我选择哪种视觉“角度”，我从下方，或是从上方，有时从左，然后从右看向这个建筑的深处。人们根据“正确度”被安排在房间里。二维绘图是一种三维物体的模糊化。

在这三个维度。但是我们的理解是更超前一步的。我们相信，我们能够理解那些无法洞悉的东西，即使目前毫无头绪。四维体也许就属于这一类别。我们如何理解一个四维体？我们可以用一个三维体来类比（图3.5）。三维体可以通过二维的平面投影来理解。就像建筑师一样，我需要三种不同的视图来理解三维体：主视图、侧视图与俯视图。我也可以在二维的电视屏幕上呈现它，通过旋转我可以看到这个三维体整体结构。同样的，我现在也可以制作一个四维体的四个投影来理解它，这四个投影都是三维体。但是通过这样方法我们还是无法洞悉四维体。

我将用一个比喻来解释这个问题，英国天体物理学家阿瑟·爱丁顿（Arthur Eddington）几年前在他的自然哲学中描述了这个比喻（图3.6）。有一位科学家、一位鱼类学家、捕鱼专家， 他希望将毕生精力都投入到大海中去研究，但他目前为止只单纯地捕过鱼（还没做过研究），在常年的捕鱼生涯后，这位鱼类学家发现了一条定理：“所有的鱼都大于5厘米。”

因为他从来没有抓到过小于5厘米的鱼。在回家的路上他遇到了他最好的朋友，一位形而上学家。这位鱼类学家向这位形而上学家阐述了他的发现，但这位形而上学家却说：“亲爱的，这根本不是什么定理。你去量一量你渔网孔洞的大小，就知道为什么抓不到更小的鱼了。”但并没有说服这位鱼类学家，他反驳道：“不好意思，你不理解自然科学。你不是渔民，你也不是鱼类学家。在鱼类学中鱼被定义为能被渔网捕获的东西。如果我抓不到它，说明它不是鱼。再说了，如果你认为渔网限制了我的观察，那么我必须对你说：我不认为这是一种限制。我捕鱼，然后把他们带到市场上。但从没有人问过我，我没有抓到过什么鱼。”

图3.6 我不能抓到的不是鱼

无论我们做什么，认识什么，都需要一个相关体系，能在其中对我们新经历的事物进行分类。没有这样概念性的“网”，就无法描述现实。然而，最初令可证明知识成为可能的网也同时定义了这些知识的基础限制：所有穿过这些网的东西都是“不存在”的。

与自然科学相比，渔网的隐喻不仅适应于可以得到良好测量结果的特殊的实验测量方法，而且最重要的是适应于我们分散的、细化的思维方式。此外，当今社会的市场活动占主导地位。因此，我们将自己限制在一种生活哲学，一种世界观中，这种哲学或世界观关乎可以被“捕获”的事物，即可以与人分离的可以互换的事物。但这些裹着躯壳的东西正是生命进化中产生的结果。根据定义来看，超验不会发生在这个“可捕捉”的世界中。在这个世界中善良、美丽和真理不再具有一席之地，而超验与神圣会消失得无影无踪。

但现实不仅仅是现实。它反映在生物的进化中，迄今为止进化的顶端是可以生存发展的智人，而智人与创造有着千丝万缕的联系。然而，许多人认为目前的情况只是进一步加速的理性演变的中间阶段，在演化中任何秘密都不会被永久埋藏。针对我们的鱼类学家这一比喻，他们会争辩说，对我们的现实来说，这太过于原始。人类比这个鱼类学家更聪明，更有想象力，很快就会学会用较小网眼尺寸的渔网捕鱼。这是正确的。在这里用网做比喻太过简单。但这并没有改变根本观点：无论做什么，我们都需要一些网去捕鱼，需要一个参考框架去将我们新获得的经验进行分类。我们无法描述在外部没有“网”的情况下谈论的现实，因此我们总是陷入这种狭隘的境地。同时，使可证明的知识成为可能的“网”也定义了这种知识的基础限制，即边界意义上的边界，而不仅仅是界限。科学是基于零碎的、简化的思想。

所谓的精确科学或量化科学甚至要更进一步。它像我们的鱼类学家一样，做出了如下声明：一条鱼大于5厘米。这个声明最终只涉及到“5”，这个数字存在于鱼与木质标杆之间的关系中。“科学的”观点并没有解释我不理解的问题，即什么是鱼，什么是标杆。这个声明全篇都是“如何做”，而对于“做什么”闭口不谈。通过这种限制，量化和数值测量的精确度（以及进一步的结果，精确的自然科学的数学公式）是可能实现的。尽管现代科学令人印象深刻地表明，“做什么”在“如何做”中找到了解释，这很容易理解，对现实的简化描述与其所涉及并镶嵌其中的更广阔的现实的关系非常有限。但这种观点对于建设性的对话来说非常重要，例如科学与宗教之间的对话。这种有价值的迹象表明，如果它试图通过隐喻将事物指向其可理解方向，来努力掌握使事物更清晰、更难忘的信息，那么即使是宗教也不得不与其真正的目标擦肩而过。顺带一提，这对于一些人来说是一个好消息，这些人将人类视为一个相同的、宏大的现实的一部分，并且并没有将除人类之外的生物降级为没有生命意义的机械部分。世界再也不能被任何人绝对掌控，但是每个人都可以在一定程度上创造性地为塑造未来做出贡献。

改变方向，但要怎么做?

是的，带着巨大的挑战回顾目前的状况。我们无法成功避免危机的原因是什么？是因为我们没能阻止它们出现吗？我的看法是：我们的科学技术经济文明中的危机症状出现的原因在于我们忽略了“系统性”相对于“局部因果性”的重要性，在于对“整体”相对于“个人”之间的关系的重视不足，以及在于在进行区分“个人贡献”和“自身利益”与“团结和公共精神”时对后者的贬低。这不是一个非此即彼的问题，上面提到的双方都至关重要。想要在复杂的系统中长期生存，不仅需要个体具备力量和活力，还需要“洞察力”，能够意识到在由形形色色的人构成的群体中不仅存在潜伏的威胁，更有通过在交际中统一意见，从而完成个人无法完成的困难的任务这种意外的可能性。一个个体高度发展化、差异化、多元化和合作化的社会能够为个人提供丰富的机会，能够灵活地应对令人目不暇接的外部条件变化，并转化成为前文所述的长期生存能力，远胜于那些为了适应特定条件而刚性优化的系统。因此，能够掌握未来的是那些准备好参与这场游戏，能够将他人视为同伴、与自然携手并进的人，而不是将他人视为对手的人。社会兼容性和环境可持续性不是互相矛盾的存在，而是在争取实现同一的目标两个不同层面。

然而，当一个社会，例如我们的社会，在经济领域层面将“所有人都是你的敌人”宣传为一种自然法则，并且还呼吁所有人联合起来反对“自然”。在他们自私狭隘的视角里，自然被视为一个可以掠夺的无限生产的采石场以及可以吞噬一切的垃圾场，自然的本质，也就是所有生命的基础被掩盖，这种情况下这个游戏只能以失败告终。当然，这些不是明目张胆进行的，但我们都感觉自己每天都在被迫做着同样意义的事，因为我们相信，是艰难的“现实”在驱使我们这么做。然而在这样的“现实”背后还存在一个更加实际的“现实”版本，这个现实指出了我们这个冷漠的社会的顽固、狭隘和目光短浅，我们终将被进化所抛弃。而很遗憾的是，没有人会注意到在这些社会中是否有一些人民或者整个民族（通常是那些在深渊中喘不过气来，全力奔跑的，被称为不发达的民族）正及时地发出警告。

然而在这样一个粗心的社会中的人却相当聪明，因为他们完全着眼于短期的目标，并且他们大多都成功地达成了这些目标。如果人们衡量成功的标准主要在于快速生长和不断地加速，那么像山谷中雷鸣般的雪崩则是可以成为成功的象征——只要你忽略它轨迹上一些微小的破坏（很遗憾，该来的总会来的），然后诋毁所有关于未来的悲观猜想，将之视为杞人忧天。大多数人已经接受了地球上有贫富之分的事实，因为一直以来是这样，并且“差异性”是受到称赞的多样性中不可或缺的层面。或许吧，但经济本身的固有动力所带来的威胁势头应该引发我们的思考：以增长为导向的资本主义的“自由”市场经济设立了框架条件和游戏规则，伴随着不断增长的速度而来的则是，富人越来越富，穷人越来越穷。

另一方面,要用哪种方法去实现可持续性，特别是生态可持续性是很难回答的。尤其是涉及到某种概念模糊的“可持续性”，这就很难让人逐条进行执行。然而，这不仅与我们目前对相关知识的匮乏有关，还有一些根本性的原因。事实上，如果能实现可持续性，那么我们的情况就不会比自然本身更糟糕。因为地球上的“自然”（根据我们目前的知识）并没有试图在一个先入为主的超级计划（具有特定目标）的基础上实现其长期的结构秩序，这种结构是为了永远的分化。自然必须以有趣的方式，以最高效利用协同利益为前提，根据“反复试验”的原则找出这种差异。而这种协同利益往往指的是现存的生命形式之间建设性地相互作用。可持续性是重复的、持续的、被证明是长期有效的。可持续性不是通过遵循非常具体的处方来实现的，而是通过开放、专注、谨慎、灵活、富有创造力、善解人意和热爱生活的态度来实现的。显然，正直的、负责任的人对于保证社会取向的正确性来说是必不可少的，这些人很难被或多或少的官僚机构取代，例如支撑国家和经济体系的机构。

但是也有一些可持续性的状况可以被国家和经济管理和监测，这样我们更容易知道哪些措施和行为一定会损害生态的可持续性。最终我们可以为可持续性发展创造一个“负面清单”（“有害”条件），但这对解决问题本身而言并没有太大的作用。毕竟，在实践操作中还会遇到实际的困难。一方面，我们必须痛苦地意识到我们作为消费者和潜在的受益者，这么做事实上是在阻挡自己的道路。另一方面，我们又要坚决抵制这种倍数权力体系，这种通过“不持续性的经济行为”累积巨大财富和影响力的体系。为了不像堂吉诃德那样迅速失败，就需要在现存的经济的构建上找到合适的开端和催化机制，并为必要的结构转型适当利用政治手段的影响。这也需要这一领域的相关人员的专家视角。

如何实现成功的转型？到目前为止，领先的工业国家几乎没有偏离以往经济教条的趋势。因为西方经济形式比起东方的指令型经济明显更像胜利者，因此现在人们相信西方的经济形式足以代表卓越的经济和生活形式，这是一个我们每天都能在报纸上看到的危险的谬论。西方以增长为导向的经济形式以其精致而奢华的生活方式而著称，与社会和环境相融的条件形成鲜明的对比。因此，它不可能成为可持续性全球经济的典范以及所有人类的生活方式。

第三世界力量

现在看来，自由市场经济仍然是一个满足社会公民需求的最好形式。在这个框架下，每个人都有机会，根据自己的判断和能力，做出对他而言最好的选择。然而实际上这种理想情况只在很少情况下出现，因为在这个仍然是理想化的资本主义自由市场经济中，并非所有人都是有需求的，而只有那些少数的，拥有充足资金的人，才是市场的潜在客户。随着失业率的增加，越来越多的人，特别是最贫困的人，作为可有可无的买家而退出市场。

毫无疑问，国家和国家机构的任务是，给出自由经济这样一个框架条件和游戏规则，这个框架在市场力的自由作用下也为生态可持续性和社会兼容性创造了必要条件。然而，显而易见的是，政治实际上已经被这项任务压倒。他们的力量正在被日益复杂的日常政治事务所消耗，特别是因为没有一个长远的目标，而且没有做好一个该怎样发展的部署工作。在当前全球动荡的形势下，迫切需要社会的创新。这些政府不是有目的地进行勇敢的斗争，而是依靠对过去做法进行不断修复和改进，这么做最多只能获得一个喘息的机会。过去社会的紧张局势随后重新出现，并通常以更剧烈、更严峻的形式出现。

大家都知道，社会的创新比科学和技术创新更难以启动和管理，因为它们相对来说没有那么复杂，在接受合理的质疑和框架条件的情况下大多自行茂盛地生长。通过过去成功的并被加强的优秀经验，希望通过技术创新解决社会困难，即从本质上创造新的发展的可能性（“走向西方！”），而不是推动调节这些冲突，这也是为什么技术越来越少为人们服务并满足他们的基本需求。相反，人类新的生活形式在技术的支持下得到发展，技术的发展会反过来使人类适应这些由少数人开发和发展的技术，这些技术绝不是由大多数人协调和支持的。一个真正活着的人类的巨大牺牲，就像那些表面上被鼓励的智人一样，多数人被获得胜利的少数人无情地宣告：原始的科学技术经济原教旨主义是一种历史上不可避免的救赎教义。这种思想被强加到多数人身上。在戈尔巴乔夫的一句话中有着同样的用意：“来得太晚的人会受到生命的惩罚！”

每个国家都有自己的宪法，它在国家范围内设立了社会发展的基础框架结构。然而在我看来，无论是理论上还是实际上，当今背景之下的宪法已经无法完成这个任务。由于全球一体化，国家往往缺乏必要的能力和主权。由于事实真相的重复性、复杂性和变化的步伐日益加快，对此负责的政治家严重依赖来自科学的、经济的、工业的、强大的利益集团的专家们的建议，他们作为“提词员”，以这种方式对开放性造成不被人察觉又不可或缺的影响。一个旨在为科学、工业和经济直接解决紧迫问题的尝试，在政治家政策方针的指示之下宣告失败。就这样“黑皮尔特”（指政治家）从一个地方漫游到另一个地方，却丝毫没有感到自己是有责任的。

然而，对于积极参与多元化以及具有很高参与度的公共社会政治讨论的人来说，显而易见的是，社会拥有大量深入的见解、经过验证的专业知识、建设性的愿景和实际的实施建议，以及个人责任感、道德规范以及稳定性。这在某种程度上远远超出了政治领域可识别的水平。因此政治的任务是必须经受住这样的考验，从而能够以适当的方式对社会中隐藏的智力、精神和道德上的潜力做出调整。这最终还意味着：除了政府和经济的全面建立和整合，第三世界无数自发形成的民间文明社会，也要作为活跃的、有创造力的和批判性的元素参与到未来世界社会的设计建设中去。

在政治力量的束手无策和经济出现毁灭性势头的背景之下，公民社会之间的各种力量正试图形成“由小型救生艇组成的舰队”，以解决日常和未来的紧急状况。这种多样性令人惊叹，令人印象深刻。这些力量的团结越来越成功。自发和有组织的团体朝着共同的目标向不同的方向分化导向这种共同的总体目标，比如裁军和维持和平、利用核能源、可持续发展和维持社会和平——只有一个“我们”的团结意识形成了，这种意识在越来越多的联合行动和建设性的建议中随处可见（图3.7）。

显然，公民社会存在大量不同的目标。他们直接或间接地弥补了国家和经济的各种缺点，女性公民与男性公民在民主的系统中都被给予认可的

图3.7　在经济崩溃开始的时候，政策变得更加无用

国家与经济越无力，公民社会就会扮演越重要的角色。图为2005年巴西阿雷格里港世界社会论坛上的游行，下面的口号写着：一个不同的世界是可能的。

权利。这些在一定程度上共同决定了公民社会和政府经济之间的共生形态。由于知识科技文明促成的经济上的巨大发展，导致经济、社会和生态的戏剧性失衡，公民社会转变了目标，从而让危机的苗头清楚地显现出来。同样，这场危机和它所有的症状通过相应的对策基本上被成功化解，少数残留则需要日后慢慢被解决，危及我们文明的可能性的巨大灾难因而被阻止。

应对社会中存在的这种挑战的解决策略和具体方法是可能存在的。由于经济和国家似乎不适合作为相关问题解决者，我设想是否只有先进的、不同于当下的公民社会才会解决这些问题。由于公民社会具备各种不同的出色能力，它们可以适当地协调不同的目标，并通过在执行具体任务时的良好合作来公正地完成这项艰巨的任务。在这里起决定性作用的是广泛的网络和参与者之间直接的信息交流。

许多大型会议和国际会议是全球公民社会在国际上进行深入联系的良好平台，可以通过媒体信息网络深化和扩大公民社会的影响。1996年在伊斯坦布尔举行的第二届栖息地峰会上，我明显感受到公民社会影响力的大幅提升。在同一地点，政府代表（第一委员会）和公民社会（第二委员会）这两个独立的分支首次并肩会面并促成了双方联合声明的发表。这份联合声明针对的是城市未来的问题，而这个问题对公民社会而言，尤其是对城镇管理部门的代表和很多非政府组织（NGO）中城镇方向的代表人而言是决定性的。为此，当时联合国的秘书长布特罗斯·布特罗斯－加利（Boutros-Ghali）邀请了一个咨询小组，包括我在内，还有来自公民社会的在伊斯坦布尔栖息地峰会上的代表和发言人。

全球思维——在网络中行动

回顾早些时候，特别是冷战期间，非政府组织在冲突管理和缓解危险的政治紧张局势中发挥了重要作用。我特别感谢普格瓦斯（Pugwash，科学与世界事务会议）倡议（这是我早年参与的一项运动），以及在反核医生组织工作时留下的美好的回忆。例如，德国科学家协会（VDW）和普格瓦斯的倡议已经转向“非挑衅性防御”或“结构互不侵犯条约”以及“全面停止核试验（CNTB）”，这对东西方的缓和政策产生了非常有利的影响。

然而由美国总统里根在1983年春天宣布、同时启动“战略防御倡议（SDI）”的“未来防御计划”，受到和平组织的极力反对，尤其是争取和平运动的科学家们。SDI的概念我在之前有所提到，它设想了近地空间的巨大武器盾牌，目的是将人类从核能中解救出来。尽管带有“防御”这个词，但显然这其实意味着装甲升级的另一个阶段。为此进行的军事技术的努力前所未有。尽管如此，为了成功运行该计划，里根还呼吁世界上所有的科学家和工程师来共同进行一项耗资约700亿美元的多年大规模研究计划。美国弗莱彻委员会委托50名杰出的、专业水平很高的科学家、技术人员和军事专家开启了乌托邦愿景的SDI计划。在紧张的工作下，这个团队从专业角度把整个复杂项目的问题拆分成几百个依然复杂且技术上十分困难的子项目，然后将这些子项目分别委派给能够胜任的科学家来处理和解决。这种把一个十分艰难的项目拆分成大量的子项目的做法，在那个时候让我感到十分震惊。因此，我在1985年提出用同样的方法来解决另一个问题，这个问题在我看来更加紧迫重要，但看起来和这个问题一样无解，这个问题是：长远保持世界和平。这促使我于1987年1月在慕尼黑附近的施塔恩贝格成立了全球挑战网络GCN（图3.8）。

图3.8　识别问题并确定解决方案
全球挑战网络组织（GCN）的标志和口号，该组织由汉斯彼得·杜尔于1987年创立。

GCN建立一个长期的项目和团队网络，这些项目和团队协同工作来处理解决综合的、威胁人类的问题。通过关注这些所有人同样关心的问题，应该能有效地促进建立东西方人们之间的信任。这个协会的活动不应该局限于科学和技术，还应包括文化方面。全球挑战网络试图从思考并研究全球问题——例如由罗马俱乐部或全球2000（研究所名称）开始研究的问题——转向具体行动。它旨在提供一种结构框架，在该框架内可以找到解决问题的具体方法。

1987年2月，在米哈伊尔·戈尔巴乔夫在莫斯科发起的国际和平大会上，全球挑战网络因为呼吁将大会以公开全体会议的形式举行而受到了与会人员的欢迎和赞赏。然而，不久之后，GCN就无法通过微薄的财务收入以及贫乏的资源继续提供令人满意的网络传输。显而易见，我们对GCN的愿景与现在已经通过互联网实现的目标有很多共同之处。尽管GCN付出了巨大的努力，但当时并没有成功地找到或自己编写出一套合适的软件系统，而这正是这项雄心勃勃的事业所需要的。然而，由于这一任务的高度复杂性以及对更强大的计算机的需求，从现在的角度来看，我们当时的失败是情理之中的。

今天的互联网的基础是由高能物理学驱动的以大型加速器为中心运转的大规模网络，它为我们提供了一个展望全球网络的绝佳机会，这正是我们在创建GNC协会时梦寐以求的。今天，公民有机会快速有效地访问和交换他们想要的数据。原则上来说，这将赋予大部分公民更多权利，因为现在公民可能会更多地、更有目的性地参与到对未来和社会的创造性设计中。

然而，已经在全球社会中蓬勃发展并将继续发展下去的互联网是否能够做到在扩大提供的信息的范围、促进信息的交流的同时进一步改善人与人之间的沟通，这一问题直到今天仍无答案。提出这一问题的条件并不是自然产生的。首先，像互联网这样的电子网络只能为拥有正确的发送和接收工具的个人提供大量数据快速而便捷的传送。然而，人与人之间的沟通不仅需要数据交换。数据的传输对于被网络连接起来的人来说必须是有意义的，还必须能够激发他们的内心感受和思考。必须将数据的内容通过智能的“消化”来进行解释、处理，以得出有意义的结论，从而引起非自然形成的反应。除了无形的数据交换之外，两个人之间的沟通是一个创造性的过程——它创造了一个新的整体，这个整体不仅仅是所有用于交换的数据的总和。当然，如果没有交换数据的可能性就无法产生沟通。但反过来也是如此：如果数据泛滥，进行交流的可能性就会降低，因为这时人们没有时间处理这些数据，筛选出有关联的数据，并给予它们适当的关注。

信息泛滥可能带来的一个极大的危险就是对信息的滥用。30亿年间，我们的地球上出现了纷繁多样的生命形式，它们并非因为拥有与环境沟通的能力超群而生生不息。相反的，它们的生存能力主要取决于它们忽略与其生存无关的信息，或抑制无效信息的能力。

一个全球性的交互网络可以实现快速联系和国际对话，并使人快速获得信息工具，例如手册等多种多样的存储数据。因此原则上来说，它可以在克服文化的地域和国家的限制的同时不牺牲文化的多样性。国际社会可能会发展成马赛克文化，这种文化具有很强的活力，它源自一个非中心化的边界结构，并由各种不同文化的组成，从而表现出它的韧性，这种韧性保证它在未来也可以存活。

尽管如此，还有一个问题，那就是这些新的全球关系结构是否会再次引发一种全新的权力集合，从而回到旧的问题，即小部分精英统治大多被剥夺权利的人。互联网上出现新的权力结构的风险很容易识别。丰富的信息配合适当的选择原则，每个人都能快速有效地找到他们想要的东西。因此，就出现了许多特制的搜索引擎，他们的服务是提供作为数据丛林的指南。这为用悄无声息的方式干预网络用户所最新获得的更大的自由提供了更加多样的可能性。这种干预操纵往往已经超出了媒体今天与人打交道的程度，它利用人们的心理复杂性引导人们进行自我奴役。此外，与我们平时正常的人际交流相反，网络上的信息交换总是在一个时刻警惕、感知一切、从不遗忘的“老大哥”的控制之下，这个“老大哥”就是这些理解并控制着系统的小部分精英阶层，他可以给他们任何信息。最近还有很多很多这方面的例子（数据滥用）。

此外，我们一定不能忘记，这种新的交流手段首先会创造一种新的文盲，大多数人仍然属于这种文盲的范畴。如果这种情况在一段时间后能够得到改善，那就不会太糟糕了。然而，随着世界贫困人口的增加，尽管未来物资将大幅贬值，这一目标似乎还是不太可能轻易实现。我也仍然十分怀疑，这种通过在屏幕上虚拟交换来替代直接人际之间的交流是否真的值得我们去奋斗，当我们有“发展进化为智人所拥有的身体、情感和精神的潜能”这样一个主要目标的话，我们不会去牺牲这些潜能。我们最好可以学会适度地使用全球网络这样一个工具，并且仅仅是把它当作一种尝试，尤其是针对影响到每一个人的全球问题——这将成为未来智人的一种生存能力，即合理使用网络以达到双赢的目的。至于如何才能成功，有计划的GCN项目来告诉你答案。

与协会在20多年前成立的时候不同，现在的互联网可以为GCN找到目标——发现问题（全球思维）和解决方案（交联作用）。通过互联网实现协会建立长期项目和通过团队网络紧密的协同合作来解决对人类有威胁的问题，这个长远目标比协会刚建立的时候更有可行性。我们计划使用互联网平台，通过新的演示形式来提高互联网平台的吸引力和便利性：

来自网络和个人“故事”的经历；

来自专业人士的新的重要信息；

将想法，方向和灵感联系起来；

了解和加强被实践证明成功的模型；

人与网络之间的沟通与交换，来做一个类似的全球挑战；

调查拥有处理全球挑战的成功经历的人和网络，学习他们的具体经验和故事，将他们作为学习案例在媒体上报道；

来自政界和商界的意见领袖和决策者；

呼吁注意问题及其解决方案的相关方面，并提供有关成功实施替代方案的信息；

以“看不见的”成功经验鼓励人们和网络，分享他们个人的“叙事”和（成功）故事。

这种网络应该成为一条“纽带”，联系起自上而下组织的世界未来理事会（WFC）以及许多自下而上组织起来的社团，这些组织和社团在过去20年中一直在为寻找一个能有效地解决所有相关的人文问题的方案而努力奔走。

在进行所有这些项目的过程中，我们都不能忘记，人类的可持续性包含了三个层次的意义：生态的可持续性、社会的可持续性以及人类个体的可持续性。可持续性不只是一个静态的、实质性的保护的概念，它是一种动态的指向性的概念，是一种对包括人类在内的生态系统的活力和生存能力的积极支持。三个层次的可持续性都同等重要，但它们并非完全相同。生态可持续性是最全面的：它旨在保护人类生命的自然基础（除此之外还包括这个星球上的所有生命）。社会可持续性要求不同文化和宗教之间能够进行和平的互动并彼此合作。人类个体的可持续性不限于经济方面，包括对生活必需品的保障，以及一个人必需的精神和情感发展的潜能。

显然，这些可持续性要求与当今主流工业文明的经济范式相矛盾，后者仍然导向肆无忌惮的物质增长，尽管现在表明这种范式是多么脆弱和它在未来的可实现性是多么低。为了实现明显和必要的逆转，经济框架和游戏规则的急剧变化是必要的。

因此，人类社会面临着一种挑战：通过采取适当的措施，将恶化的、即将腐朽的物质增长过程矫正回来。我们的社会中力量的体现——国家和经济似乎不适合作为这种逆转的行动者，因为它们的影响仍然与能量流动与物质流动密切相关。因为即使在未来，根据目前为止的实践经验，这些流动主要源于免费的自然资源，只要它们不干涸，就能赚到真实的（而不仅仅是虚拟的）货币。当然，经济的劳务份额增长速度将快于物质份额。但很难想象全球经济可以主要依靠一个没有实质性物质基础的劳务公司获得蓬勃发展。

因此，只有在国家和经济之外，形成比以往更加强大更适用的第三力量，公民社会才能成功地应对挑战。

第四章

新思维如何引领行动

现实不是一个严格的事实，它充满了可能性——它就在我们身边。我们可以改变甚至是重新创造它。

蝴蝶与钟摆——不稳定的创造力

如果我们知道自然的运动规律或系统的初始状态，就有可能预测其未来的发展。天体力学为我们提供了令人印象深刻的例子：例如，根据万有引力定律，太阳和地球之间存在引力，将这个体系放入牛顿运动定律的框架中，我们就可以准确地得出地球绕太阳转动的轨道（开普勒椭圆轨道）。椭圆的特殊形状、其心轴位置以及偏心率是通过在特定时间内预先给定的地球位置和速度来确定的。

我们每天早晨都期待太阳照常升起，这是因为我们都具备对自然的认知常识，这明显反映了掌握自然运动规律对人们而言是十分必要的。自然运动规律深刻地影响了我们的西方思想，对塑造我们的西方文明有决定性的作用。通过适当安排系统的各个部分，在不超出各个部分承受能力的范围内将各个部分进行联结，让系统在空间和时间上进行准确的、为我们所期望的运动。这样一来，在一个给定初始条件的系统中，对未来事件进行预测的可能性就得以提高。这似乎能够让人类尽可能地摆脱自然的束缚，最终通过科技手段“掌控”自然并使之服务于人类自身。为了不让这件事情只是一纸空谈，我们需要掌握关于一般自然规律的充足且精确的知识，同时我们还需要精确掌握系统结构的初始设定。通过缜密的技术构造以及对一般情况进行细致的科学研究，人们猜想，这些条件在特定的精度上应该能实现，现实中已经有多种多样的方法来实现它。于是这激发了我们在技术上令人瞩目的成功，构成了今天我们坚定的信念基础：人类的想象力让一切皆有可能。

精确认知自然规律和精准描述系统，这两点看似容易满足，实则令科学家大跌眼镜，因为这两点从原则上讲是根本无法实现的。这最初是微观物理研究的结果，它发现量子物理学揭示了原子的性质。然而，对于我们直接看到的世界，通过对非简并及高度非线性相互作用系统的“混沌”行为的发现，我们更直接地得出了类似的结果。其中，我们观察到一种特性，即系统初始状态的微小变化一般来说不会导致预期的最终结构中出现相应的微小偏差，而是有可能引起整个最终结构发生巨变。令人惊讶的是，这种看似是意外的行为更应该说是规律，而非特例。

混乱度与生活

我们如何才能清楚地将这种不可预测性可视化？ 对此我们给出一个可以放在桌上的简单机械系统：物理双摆（图4.1）。双摆是将一根单摆联接在另一个单摆的尾部所构成的系统，它通过悬挂装置和地球的重力场与地球相连。两个耦合的摆锤模型在一定程度上和地球与月球围绕其共同的重力中心——太阳的运动相对应。然而，与三体系统，即太阳—地球—月球形成鲜明对比的是，我们的双摆不能顺利运行 ，也就是说经过一段时间后它就会自动停止。我们可以通过将双摆悬挂在较大的第三摆上来稍微弥补这个缺陷，这样就可以在一段时间内为双摆提供额外的能量，从而补偿摩擦损失。这个三重摆是一个关于难以估测的“混乱”运动的令人印象深刻的例子。为此，我们必须用足够大的力量推动摆锤，因为在抛掷力较弱的情况下，只能产生不同摆锤之间的相对运动（能量的摆动）。并且在大力推动摆锤的情况下，我们可以使用常用的数学方法很好地描述和计算摆动。摆臂在空气中的运动终究要变成振幅极小、能量极低的运动，这表明，严格来说，三重摆的运动并不是不可预测的、混乱的行为。相反，它最终会

图4.1 “在这一点上，我们的钟摆能感受到全世界正在发生的事情。”
汉斯彼得·杜尔解释了三重摆的混沌运动中体现的物理学新思维。钟摆一次又一次地达到不稳定点，其中的运动进程是不可预测的。与此同时，钟摆对环境的最高“敏感性”同时出现：它显示出了一种嵌入生命宇宙的高度复杂化。

进入一种能量更低也更稳定的状态。因此，即使不可预测性实际上仅在中间时段的强烈冲击中出现，那也是可见的。

让我们仔细观察这个整体：首先，钟摆的运动完全符合我们已知的自然法则。它的前后摆动的轨迹和状态可以轻松准确地计算出来。最后，由于摩擦力的作用，它的动作幅度逐渐变小，动能转化成热量，最终不再移动。但是存在这样一种状况，我们无法再给出陈述和预测：将它倒置，即将摆臂保持在顶部。如果我放开扶着它的手，那么我甚至不知道它会向左还是向右倾斜。

现在你可以争辩说，我只需要非常仔细地看看摆臂是在“正上方”的左侧还是右侧。然后，我需要一个放大镜来了解钟摆的重心是否确实在重心轴线上。但是，如果我更进一步地探索“中间的构造”，那么就会发生更多截然不同的事情：很明显，这个钟摆在空间中所处的平衡并不是孤立的，钟摆周围的事物也会对钟摆造成影响。我可以以自己为例，如果我站在这个钟摆的一侧，我和钟摆之间就会有一个相互吸引力，就像太阳对行星的吸引一样。同样，如果我站在钟摆的另一边，钟摆就会向另一边我所在的方向下落。但是这不仅仅取决于我一个人，这取决于我们所有人。某个人捏了捏鼻子，我对钟摆所产生的影响可能就消失了。也有可能是因为一辆汽车驶过，或者是因为火车到达主火车站，又或者是仙女座星云发出一定量的光，到达了这个钟摆，并最终决定它应该落在哪个方向。

钟摆在最高点时是不稳定的。将这个不稳定点称为“最高敏感度点”

更为合适。许多人都知道蝴蝶在印度挥挥翅膀，就可能在北美引发台风。当然，这只发生在某些条件下。它需要特定的天气情况，就像我们的钟摆一样——只有处于最高点时才能达到这种状态。同样，一个可以引发巨大后果的微小效应的先决条件就是不稳定性，即极高的敏感度。在最高敏感度点上，我们的钟摆能“感受”到世界上正在发生的一切。但是钟摆所感受到的并不是旧的世界，而是新的世界。它正在体验的，是一种背景、一种潜在性，这种潜在性不再是现实，而是一种数目繁多而复杂的联结，是一个万物之间紧密相关的世界。我们也可以说，钟摆在这个点上是“活着”的。在这个点上，它可以触摸到这个世界的所有信息领域。但是这个振奋人心的结果目前只能够在这一个特定位置上得到，从这个位置跌落后就再也无法达到这种状态。但这意味着什么？活着的时间只有那么一瞬，并且无法重来？ 正如我们所理解的那样，这对于一个真正的生命来说远远不够。更多的活力和时间对生命来说是必不可少的。但是怎样才能实现呢?

如果我们在一个钟摆上额外装上两个摆锤，这时，一个简单的单摆就变成了一个三重摆，而所谓的三重摆也就是一个摆锤安装到另一个摆锤上，最后再安装到另一个摆锤上。这种三重摆现在有三种不稳定的可能性，因此它有更多机会去体验“生命”。滚珠轴承的摩擦力越低，这个机会就会变得更大，而不仅仅只是你想象中的三倍。当我轻推这个钟摆时，它总是会超越不同的敏感点。人们无法预测这个钟摆的运动（所谓的混沌钟摆），因为它会一次又一次地到达不稳定点（图4.2）。整个世界零零星星的混乱的行动，镶嵌在我们生存的宇宙中的高度复杂性，这个时候会展现出它们带来的影响。在现实生活中，摆锤由于摩擦损失而逐渐失去动能和灵敏度，最终完全停留在最低点。它与我们所说的生命有点相似——经过一段时间，我们终将在死亡中休息。

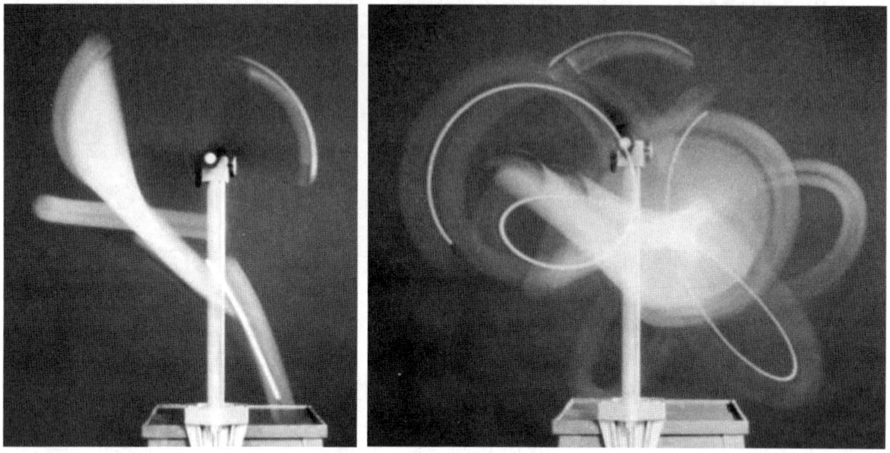

图4.2　运动中的三重摆

像三重摆一样只活短短几分钟，对于我们来说是远远不够的。人们如何才能维持不稳定性（即敏感度），让它不再流失呢？必须让不稳定性稳定下来，这听起来似乎充满了矛盾，但事实却并非如此。人类究竟为什么要用两条腿走路？如果我们只用一条腿站立，那就不稳定了。实际上，用三条腿站立会好得多。但是，一条腿可以让我们获得自由。我们可以向任何想要的方向倒下。这是一种多么幸福的感觉！第二条腿也能领会这种幸福感， 但是每一条腿只有一次机会。但是还有一条出路：如果两条腿正常合作，并且设法在交替周期中一个接一个地到达那个不稳定点，也就是说，如果我的第二条腿在我第一条腿抬起前落地（反之亦然），那么我就不会因为第一条腿“落空”而跌倒，反而可以继续向前走。这样我就使两个不稳定的系统在动态中稳定。

在这种情况下，相反，两个不稳定系统并不是对手，而是合作者。他们可以一起进行一场游戏，这种游戏可以让我在不跌倒的情况下行走数英里。只有这样生命才具有存在的价值，因为我可以通过这种不断变化保持自己的直立状态。每向前走一步，向前伸出的腿必须稍微向下弯曲并再次伸展。对此我必须要消耗能量，这样最终我的腿才能在地板上站稳。为了达到这个合乎情理的状态，就必须获得能量。

通过能量的支持和动态稳定的不稳定性，我们有机会保持高度敏感性，这种高度敏感性能够将世界拓展到一个更高远的层面，让我们能够保持直立的状态并且感受生机。有些人还谈到了某种灵感，这种灵感在某种程度将我们的内心感知联系在一起，因此具有更高的导向高度。现在存在着一个问题，即我们认为不稳定点是不愉快的，甚至认为它实际上往往是严重的威胁。这是否意味着只有在极度不安全和不可预测的情况下才能重新找回自我：我们必须放手并开放自我，只有这样我们才能达到敏感点并面对冲突：要自由还是要安全？ 然而只有这种动态的稳定才能保证我们在地球上的生活不断发展。

秩序之手

观察生活是一个有趣的过程，我想把它称为“生机勃勃的模板”，而不是“死气沉沉的模板”。后者我们每天都能在桌面上经历。如果我整天都在桌上忙活，我们的桌子总是越弄越乱，而不会越来越整洁。热力学第二定律解释了这个现象：现在的可能性将在未来变得更加可能。或者更准确地说，一张更整洁的桌子就是“不可能”。而在未来，“可能性”就是一张杂乱的桌子。在桌子非常杂乱的时候，我们可能要花数小时在里面翻找我们想要的东西。但就算如此，它也不会变得更杂乱。我们将这个状态称之为热力学上的热寂态。但是，如果我们在周末用“秩序之手”把桌子整理好，将“已完成”和“未完成”分类整理，就需要消耗能量。从某种意义上来说，我们就像太阳一样，但我们需要的不仅仅是能量，还需要思维能力去判断该如何整理这些东西。如果我不去思考如何去整理，那整理的过程就只会像洗牌一样，加深无序的程度。

在生活中，正是这样的“秩序之手”使许多事情产生差别：当我们满怀激情，认真思考和选择生活中的各种可能时，生活就会发生改变。这正是存活至今的物种们从他们的幸存的祖先那里学到的。但这种改变并不意味着我们各自孤立地创造价值，一切都是相互关联的。就像一个家庭一样，虽然每个人待在自己的房间里，但没有人离开这个家。大家都在同一屋檐下，但每个人都在做他们想做的事情，同时也知道其他人也是如此。

每个人都是独特而与众不同的。打个比方，每个人都掌握或者特别喜欢某一种乐器，而这些各有特色的音乐家们就可以组成一个乐队举办音乐会。在音乐会中，他们擅长的乐器可以互相配合，共同演奏出丰富多彩的曲目。因此整体不仅仅是各个部分的总和。

通过将多种多样的个体与他们之间的相互作用整合在一起，生活可以发展到新的高度，成为一个新的整体，一种“完整形态”。人类也是这样的一个整体，虽然其中有一部分人是孤立的。当我们审视冲突对我们造成了什么样的影响，而我们需要多少力量才能在这种情况下维持平衡时，我们就是在审视一个高度整合的全球系统结构。全球化并不是一种威胁，相反，它对未来更高层级的发展至关重要，也是未来加和游戏中所需要的多样性的前提。不仅每一个人都必须要理解和接受，在这个游戏中，一个人的优点也必须作为另一个人的优点存在。小部分人因为某种特性更有价值或者更重要就宣称它已经全球化是不行的，这只会引起不安，随即就会被压制。

我们必须确保这个世界的所有文化都保留他们的精髓。只有这种情况下，人们才能在相互作用中创造出一种新的世界文化，发展水平达到更高层级，成为一种新的“完整形态”。因为如果把两只腿绑在一起，那就和单脚走路一样容易摔倒。所以我们必须维持多样性，确保我们有更强的支撑力来顶住压力，同时保证社会有更强的动态稳定性，从而朝着一个更有趣、更多维且更多发展机会的新世界迈进。

因此，当一个文明认为它自己就是核心，而其他文明都要臣服于它的时候，它就好像将自己的两条腿绑在了一起，违背了生活的规律，必然会招致阻碍然后摔倒。一个孩子学骑自行车的时候，也许需要大人扶着他骑几次，也许他自己会摔倒几次，但是这样很快就可以学会了。生活与学骑自行车没有不同，对新的不稳定的掌握都需要练习，也需要时间。尽管我们有所不同，但仍是相互联系的。我们已经共同发展了很久，我们还可以继续进步。我们从未被割裂开！

能源奴隶的节食食谱——生活方式与责任

① 能量单位，以一个人类奴隶的工作量来量化能量。

太阳不间断地向我们发送4500亿单位的能源奴隶，使得整个生态系统保持稳定。一单位的能源奴隶①大约是每小时0.1千瓦时或者每年900千瓦时。这种换算方法是我在战争中学到的，当时许多农民因为低空扫射失去了他们的马，因而需要四个成年男性一起才能拉动犁，但他们拉一小会儿就不得不停下来喘口气。

太阳给予我们的4500亿单位的“能源奴隶”，一遍又一遍地调整着地球生态系统的地图，从而防止脆弱的生态走向崩溃。今天，地球上生活着不止65亿人，我们还通过大量强大的机器来将我们的弱小的肉体力量放大（图4.3）。将我们现今所需要的一次能源进行换算，65亿人需要大约1400亿能源奴隶。这超过了太阳用以稳定我们生态系统所需的能源奴隶的1/4。在这个名为世界的纸牌屋里，我们到底还能继续欢腾成什么样？换句话说：人类到底总共需要多少能源奴隶？人均水平又是多少？

这里首先需要澄清一些概念。对于物理学家来说，能量是守恒的，这表明：能量不会凭空出现，也不会被消耗，只能从一种形式变为另一种形式。例如从电能到动能或热能。我们需要的也不是能量，我们需要的是灯光照明、驱动机器或让材料变形、温暖的房间、烹饪，或者能移动得比步行更快。我们将此称之为能源服务。

图4.3　我们现在迫切地需要对能源奴隶进行控制

人们通过无数的机械和其他种类的能源奴隶来放大他们原本孱弱的肉体力量，这远远超出了大自然长期的承受能力。

它与组织的有效能[1]密切相关。有高价值的、“可用”的能量（具有较高的有效能），例如电能与机械能。也有无价值的、“无用”的能量，例如均匀分布的热能。在能量转换中通常都会出现能量的质量降低，这意味着“有效能”被消耗了。

① 1944 年，意大利数学家路易吉・范达比 Luigi Fantappié 将“顺对称重复”Syntropy 一词引入科学研究，它描述了生物系统应对未来情况的组织能力。

在能源服务领域，高质量的能源会转化为低质量的能源，通常是环境热能。例如，当我们开车，并且在最后返回起点时，我们不会消耗任何能量。但在汽油中储存的化学能被转化成了轮胎、道路、刹车片与空气中的热能。加热一个房间也不需要能量，暖气只是在补偿冷环境中的温度差异。

因此，智能的能源生产与能源使用意味着尽可能地利用能源的质量特性。这意味着存在有效满足我们多种需求的可能性。但这种潜力通常会被低估，因为在“节能”的旗号下，这种潜力通常会与某些负面的观点错误地关联起来。因为这听起来像是“放弃”而不是“减少浪费”。

我们最多能转换多少比例的能源？这也是关乎人类和其他生物生存的关键问题。通过我们对生态系统稳定性的观察，例如物种多样性的变化，我们对生态系统的干预最大达到了接近太阳稳定生态系统所消耗的能量的1/4，即1000亿能源奴隶。我们目前对生态系统的压力已经超过了负荷的上限，这从物种数量的迅速下降也能略见一斑。

陆地生态系统只是地球的一小部分，这一层大约只有20千米：大气层10千米，地表以下10千米——但只有这里有可居住的土地，地球大部分都被海洋和山麓所占据。我们一般都将这个世界看作是相对孤立的，这首先适用于物质层面，即便火山偶尔抛出一些地球内部的物质，而人类则利用这些抛出物质中的重金属进行工业发展和武器开发。事实上如果没有这些重金属，是不可能有这样的发展的。但至关重要的一点是，我们可以从太阳的辐射中获得生态系统活动中所需要的“可用”能源。太阳是所有生命生长的源泉，而我们每天都可以随意使用它的能量。在过去，我们的生活只依赖于太阳、植物和动物，动物在那时也是劳动力，而太阳能则被植物通过光合作用吸收。在后来，人类发现了化石燃料，例如煤炭、石油和天然气。这些由数百万年前积攒的太阳能使得工业革命成为可能。自20世纪中叶以来，核裂变已经成为一种重要的新能源，特别是最重的自然元素，放射性铀，它是在50亿年前宇宙中的超新星爆炸中产生的。现如今我们在不断地消耗这些不可再生资源，就像一家抢劫银行的公司，不断生产各种设备去破坏一个又一个自然保护区，抢走他们的宝藏和能源，制造更多的设备，去掠夺更多的自然保护区。这种抢劫让我们，更准确地说是一小部分人类，享受到“美好生活”。在处理太阳能时则不会有这样的问题，因为地球消耗的太阳能最终会返回给太空。幸运的是，夜空是黑色的，这是一个处理热辐射理想的垃圾桶，否则我们就会被烤熟。

处理各种形式的材料则更成问题。比如我们在矿山中获得的材料，如果我们认真妥善地处理，则可以将这些材料保全下来。但如果我们没有小心地处理，则会将材料弄散从而失去它们。例如，我们并不会消耗掉铜矿，而是通过各种方法将其分散在各种设备里。原则上这些天然材料都可以被再次收集，但需要很大的能源消耗和良好的回收利用手段。因此，细致的物料管理是可持续发展重要的先决条件。

能源产业更是突出地体现了不可持续的经济结构可能带来的后果。近几十年来，我们都在使用不可再生能源：煤炭、石油和天然气。接下来会怎样？如果我们使用不可再生能源，那无法循环利用的垃圾该怎么处理？因此我们已经面临着挑战，也就是二氧化碳问题和核反应堆废弃的放射性燃料棒“安全”处置的问题。

化石燃料的处理非常复杂：我们开采煤矿并且将其燃烧，使废气进入大气。CO_2在大气中含量为0.03%时，它只是微量气体。但是现在越来越多的CO_2以含碳燃料的废料进入大气。事实证明，即便是CO_2的微量增加也会显著改变全球气候。虽然人类不会因此而灭亡，但气候的变化会给我们带来大麻烦。不仅是每年向大气中排放的300亿吨CO_2会引起问题（图4.4），化学肥料也会破坏腐殖质中的微生物，而这个过程会比汽车尾气排放出更多的CO_2。许多事情都是提醒我们去要关注的信号。比如蚯蚓，温带地区的蚯蚓将树叶带到地下，因此树叶不会和氧气接触，而是形成有价值的腐殖质。万物之间皆有联系。

图4.4　什么样的生活方式不会使生态系统超负荷？西方工业化过度能源消耗（浪费）的生活方式进一步加重了地球生态系统的负担。燃烧化石燃料是主要问题，进一步加剧了全球气候的变化。

冰山一角

核能也是一种无法补充的化石能源。与其他化石燃料一样数量有限，因此它们的消耗是不可逆的。但在我看来，最值得关注的并不是这一点，而是核能的能量密度是太阳能的百万倍，危险性很高。即便是最“无害”

的太阳能中，具有高能量密度的绿光对植物也是有害的，因为它会扰乱复杂的光合作用。这就是为什么我们的植物是绿色的，它们以这种方式保护自己免受绿光的辐射。因此，具有高能量密度的能源对于生态系统是危险的。因此，当我们谈论未来的能源供应时，我们不仅要讨论有限的资源，还有废料的处理。我们必须密切关注能源开采对生态系统造成的破坏。尽管气候问题对人类生活质量、人口迁移和人口减少造成的严重后果几乎无法估量，但有一点是肯定的：目前的气候问题只是冰山一角。

今天我们讨论的是化石燃料的极限，尤其是越来越少的石油资源，它的产量（石油峰值）已经在近些年达到峰值，而现在的问题是是否有一个合适的替代品。遗憾的是，核能又一次被纳入考虑范围中——而我们对其危险性的了解根本不够。但几乎没有人考虑，我们到底能多大程度地在我们的生态系统中肆意挥霍，且没有不可逆地破坏我们生态系统的亚稳定性。具体来说就是：这个小小的地球上，到底能承载多少人类？更准确地说，我们人类为了我们的目的到底可以使用多少能量？或者我们最多应当使用多少能源奴隶？65亿人肯定不够，而1400亿能源奴隶正是他们现在的答案。因此，能源奴隶的“节育”迫在眉睫！1000亿的能源奴隶已经达到了生态系统的极限，毕竟这已经超过了太阳稳定辐射给我们能量的1/5。这证明了我们生态系统强大的稳定性：地球就像一家35亿年来都没有破产的公司，不会在第一次遭受破坏的时候就完全崩溃，但它不能不忍受每五个人中就有一个麻烦制造者，但也就是仅此而已。我不知道人类社会中如果每五个人就有一个碍事者的话，社会将如何运行。

新的生活方式

这是一个关于稳定性的问题，而且在我看来我们面临着巨大的挑战：怎样的生活方式不会威胁到我们现在的生态系统，使它能够保持自身的稳定性并且不会过分消耗1000亿的能源奴隶总量？我们地球上现存65亿人，这就意味着：每个人只能分配到最多15单位能源奴隶，不能更多了！

但是这些能源奴隶是怎么分配的呢？平均来看，每一个美国人占有105单位能源奴隶；而我们，在欧洲的中心，每个人占有53单位能源奴隶；每一个中国人占有10单位能源奴隶；每个印度人占有6单位；而在孟加拉国，每个人只占有1单位。将这些加起来，我们一共占有1400亿能源奴隶。如果说我们一人只能占有15单位，那么一些人就必须减少其占有的能源，而另一些人可以相应地增加占有的能源。

顺便说一下，这种限制与资源本身没有关系。重申一次，它与维持我们所在的生态系统的平衡性有关。因此我们必须要发展一种每人只需占有15单位能源奴隶的生活方式。这并不是说一种粗制滥造或是灰暗的生活，而是，打比方说，像20世纪60年代的瑞士那样（如果能复制那个时候的能源利用率）。当时的瑞士人民的生活也并不糟糕。在欧洲这里，能源消耗还有可能降低75%~80%。我们可以大幅地减少每个人所占有的能源奴隶。只要稍微了解下这个世界的发展历史，我们就可以发现很多能源浪费是由于低效的能源利用率或者毫无意义的消耗。效率是一个因素，连续性是表述能源利用和流动的第二个因素。但还有第三个因素，就是关于足量的提问：多少能源才是足够的?

解决能源问题并非空谈。我们所需要发展的生活方式应该不仅仅是满足我们生存需要，还必须是一种值得去过的生活方式。这个经过计算得出的15单位能源奴隶的限制，在我看来，只有在没有明显的巨大的能源损失的条件下才能够实现：第一，我们能够更高效地使用能源；第二，通过加强热能的绝缘壁垒，减少流失到系统之外的能量；第三，极大程度上减少越来越多的能源消耗，减少日益增长的每日必需品的运送路线，控制这些能源消耗的增长速度。我们需要更加注意重新构建新的生活方式，并相应地改变一些我们的生活习惯。

多年以前，我还是汉诺威能源委员会的一员。2010年的能源小组中，我们思考了很多关于能量的流动性和足量的问题。能量的流动性是一个严峻的话题，因为它对我们来说有巨大的心理学影响。能量的流动性急需研究，因为它并不是一个简单的从这里到那里的概念。但是，我们所理解的流动性常常对我们自己来说意味着一种不流动性。我们在路上的大多数时间不都是被安全带绑住的吗？从物理学角度上来说，比起被绑在车上，我们在走下车来跑的时候流动性变得更强。进行移动的只是车而已。这就是为什么我们不用太多思考车的流动性，而是更需要思考关于我们自身的流动性。我们必须要通过其他方法来实现这种需求。

因此，在我看来，核心问题不是我们从哪里可以找到未来所需要的足量能源，或者能源主要是来自太阳能，化石能源，甚至是原子能，或是其他的完全不同的东西，而是怎样最好地利用我们现存的能源，以及我们用他们来做些什么？关于哪种能源可以被我们利用的问题很好解答：我们可以轻易地从太阳的能量中获得在我们使用限制之内的可利用的能源。太阳辐射传播到地球表面的总能量大约是生态系统放出能量的2000多倍，是我们人类在不过度开采生态的情况下最多可以获得的能量的8000多倍。所以说，光靠太阳能无法满足我们人类可利用的能量的说法是不真实的。

如果我们不这么做，我们就不会失败。迄今为止，我们一直失败的原因是中心化和能量积分。每当我们找到一个非中心化的能量源，我们就会受到巨大的阻力。这就是为什么中心化的核能仍然是目前为止很好的选择。这里就涉及我作为一个物理学家，坚决对核能说不的一个原因：我们人类，永远都不应该去发展那些可能会对我们人类造成无法承受的伤害的科技。对人类零威胁这个前提，必须要坚持，不管这种伤害发生的概率有多小。

我知道有些人会思考关于怎样去计算和预估发生事故的概率。但是统计学的计算在这种情况下一点都没有帮助。统计学的概率是相对频率的概念，这种绝无仅有的事并不能用常规的方法来看待。现实中有一个现象也支持了这一观点：没有任何一个保险公司会去担保一个核反应堆不发生问题。所以“某个事件发生的概率是百万分之一”这种说法是什么意思呢？

图4.5 谁使用核能源，谁就是在玩俄罗斯轮盘赌

核能的“和平”使用在伦理道德角度上也是不能接受的，因为假定最大事故造成的伤害是人类无法保证，也无法承受的。

这不代表这个事件会发生在100万年后，可能刚好发生在今天或者明天。为什么这种风险要强加在别人身上，甚至都没有保险公司愿意承担这种风险？（图4.5）

很多人反对这种观点，他们认为人类必须学会承担这种风险。持有这种观点的通常是年龄超过60岁的人。他们可以不假思索地说承担这种风险，因为这种事故对他们的影响很小。但是不得不想的是，如果真发生了事故，不计其数的与核电站毫无关联，或是根本没有享受到核电能源好处的人都会因此受到牵连，他们甚至可能还没有出生。换句话说，我是否接受这种风险，是否使用像轮盘赌一样的核能科技，这个决定不仅关乎我自己，同时也关乎我的子孙后代。对于我们的后代来说，这种做法明显是不可接受的，应该被禁止。我不能承担任何风险，这样就不会发生紧急的灾难性后果。因此，没有人应该在这个世界上使用可能造成灾难性后果的科学技术，哪怕只有一丝出错的可能。

做什么?

我们知道，我们在这个世界上不是孤立的。我们的即时经验告诉我们，我们是一个更大的整体的一部分，我们的友情、感情都属于这个整体。为了举止中庸，为了减缓生活的脚步，适宜的、轻松的人与人之间的交互是保持和平共存的先决条件。但是，人类的交流中也有很多让我感到悲观的原因。我经常看到我们的文明处在“饥饿”的状态下。我们精神上受饥，又或者说是情感上受饥。我们与我们主要的精神来源相隔离，从而无法明晰生活的意义。

在我们工业化的国家里存在着严重的非物质饥饿，但是同时我们又拼命地掩盖这种需求，进而只能去寻求越来越多的，自认为非常需要的物质上的满足。但人们不会得到满足，因为人类不是孤立地生活在面包上的。但我们只知道一味吃面包，直到吃撑，就像过去一样，尽管我们真正需要的是完全不同的东西。这样下去，我们只会越发地依靠这些外在的东西，正处在一个必须要打破的恶性循环之中。

举止中庸，减慢节奏是打破恶性循环的有效方法。在我看来，举止中庸意味着拥有更大的灵活性，并能够全面地对这个世界持更加开放和包容的心态，因为我并不是一定要把所有东西放在一张卡片上（单面地看待这个世界），而是要保持这样的心态：我有的够多了，休息一下，保持好奇心，并开放性地探索我们的存在所具有的多种维度。

关于减慢生活节奏，它遵循了重要的自然规律，即热力学第二定律：所有特别的、完美的、特殊的事物在没有外界支持的情况下，随时间推移，会慢慢地变得无序和不完美。但这种过程在“秩序之手”介入干预时，也可以逆向发展。从物理学的角度上说，这种干预不仅需要能量，同时还需要遇到事件分叉时的决策能力，这样系统才能重新组织自己的生活，朝一个不太可能的方向发展。从人类的角度来看，这种能量也可以被称为控制智力，必须要开拓这种智力。这是一种可以做出判断和选择的智力。但要发生改变不仅需要智力，还需要时间！聪明的抉择需要时间，如果我在特定的情况下不花费足够的时间，一味地加速进程，这样控制智力就不会有发挥作用的空间。最后，就会变成一味追求快速这种不动脑子的毁灭性的过程，而不是能够真正创造价值的、慢一点的、智慧的、有建树性的过程。因此，一个不花足够时间的社会，作为一个整体，会越来越失败。

建立的过程要足够慢，因为从某种角度上看，这些过程是一个“治愈过程”，因为它们需要进行智慧的对白，这样就可以将不同的东西归纳或合并到一个新的东西里去。由于这种慢过程是“缓慢”的，所以几乎不可能像“传染”一样壮观。但我们喜欢壮观的感觉，因为我们时常感到生活无聊。这就是为什么历史学家对于这种“无聊的”建设性的东西甚少谈及。但在同时，这又是造成了我们对人类和人类历史看法如此悲观的原因。之前本书提到过的一位西藏的智者说过这样一句话：“倒下的树比生长的森林发出更大的声音。”

整个故事都充满了“倒下的树”这种现象。我们因此会惊讶地发问：35亿年的生命进化史之下，在经历了地球上生物间的相互破坏，人类历史英雄抵抗过的战争，以及其他的重大灾难之后，怎么可能还存在像我们人类这样复杂的生命体和有机体呢？我的答案是：这个“成长的森林”，可能就是一直没有被提及的，在幕后的女性持续地发展出来的杰作。她们，不管是过去还是现在，都一直是增加价值的力量。

真理的探寻——宗教和科学

经典物理学家声称宇宙是从一个“大爆炸”开始的。整个世界都是在这个大爆炸中形成：所有探索者们所发现的，或者是预测到的，不管是150亿年前，还是未来将要发生的事物。所有的东西都在宇宙开始的时候就已经存在了，无一例外。现在所发生的所有事物都只是一开始就已经存在的东西的展开和延伸。而另一方面，新的观点则持有创造是不完全的观点，认为创造在每个时刻不断地重复发生。我们所有人，作为宇宙大和谐中不可分离的参与者，都被卷入这种不断进行的创造中去。关系才是根本，而不是物质。我们是共同创造者，未来的发展取决于我们所有人，所有参与者。现实不是支离破碎的现实，它是一种潜在可能性。

当然，我们不能像我们想要的那样改变世界，但是我们应该知道，我们的决定总是影响着世界整体。一方面，我们做出的决定是受到人们所共有的事物的影响；另一方面，我们的决定又为自身的特殊状况所局限。

基于这样的想法，我们可以说，如果我们想要改变世界，并不一定需要广泛地和世界上65亿人都产生交流。当然，我们必须要能够互相交流。但我们并不需要通过对话来说服他们，只需要提醒他们那些他们已经知道的东西。因为我们有35亿年的同样的发展历史。这种发展与我们的能量物质的表现形态和我们的身体无关。我们的“软核”没有禁锢在我们的身体中，而是随处可见，即使在不同的空间，我们都以某种形式相互连接着。我认为，这是一种互联网的变体。我可以找出其他人在哪儿，还可以根据我的决定来与他们联结。人们不是像一块物质一样在这个世界中独自存在，而是依附在一个整体上。因此，我们已经知道有些东西我们可以抛弃，此外，我们有能力引导产生并加强那些真正可持续的发展方法。

关于上帝的问题，尤其关于创物主的意义的问题，是不被允许的，因为它通向虚无。如果有人问我：“你相信上帝吗？你是一个一神论者还是泛神论者，还是其他的什么？”我通常会说：“我是一个无神论者，但是，在梵语中，前缀‘A’并不是表示对立面，而只是让问题的目标无效。换句话说，对我而言，上帝是不可数的，因为它代表着一个整体，即‘不二’，不可分离。这就是说，‘世界上有多少个神？’的问题就像问圆圈是什么颜色一样毫无意义。只有在这种角度上，我才是一个无神论者。但是，并不是说我是一个站在不相信的角度上的无神论者，个人而言我并不质疑一个超越我们人类理解的环境的存在：有一些关系结构，它们有很多名字，这些都只是一种比喻。我们可以叫它精神或者是爱。在不断进行变化的精神宇宙中，爱是最能表达我们感受到的‘相互依赖’的一种形式。这种形式下，我们各自可以直接地通过经历与彼此产生共鸣。在这种角度上来说，我就是一名‘充满爱的无神论者’”。

信仰和知识的目的都是为了追求“真理”。但是，真理的意义对两者来说又不尽相同。在新的观点中，会说这两个没有一个是真理；而一个“开放的、含义模糊的”的真理替代了它们的位置，巧妙地包含了两者。

我作为一个科学家、物理学家、基本粒子物理学家发言。一个科学家通过分析、解剖、拆分来寻找真理——因此必须要着眼于最小的对象。信仰者也追寻真理，他在他的宗教中寻求，在虔诚的态度中，在冥想的沉浸之中接近真理，在对整体的开放性下感知真理。真理对于科学家和信仰者来说是不同的，但他们都是在寻找同一个终极问题的答案。它们都只是反映了我们与现实的双重关系：一种是对光的观察与自我意识；而另一种是对暗的整体性的神秘体验，这两种方式共同形成了人类感知的辅助性模式。第一种会使人产生绝对理性的世界观，这种人想要通过真理的差异性理解这个世界——从一个几乎如实的角度——通过自己概念和想法捕捉真理。第二种人把自己暴露在一个神秘的世界中，在那里他们尝试通过奉献与冥想直接抵达现实的本质。

内部和外部

在这种情境下，互补意味着：两种经历模式都是存在的，并且他们互为补充却又独立存在，正如著名的错觉图片中展示的是两张“相对的脸”以及它们之间的空隙形成的“花瓶”（图4.6）。有两种类型的“知识”，一种是“理解性的知识”，另一种是事物“内部联系的确定性”；一种是观察者与被观察者是分离的“外部的理解”，另一种是“内部的理解”或者说“内部认知”，它实际上总是关乎整体，也就是说，感知者同时也是被感知的，它们是不可分割的。“经验”同时意味着外部观察和内部认知。内部认知更接近、更亲密、更广阔、更易理解、更开放、更全面。虽然严格来讲，这些从外部观察的用语中借来的词汇不足以作为术语。但是，它们从比喻的意义上来说能够帮助我们理解内部经验。

图4.6　“真理可以是更开放的，它也可以被描述成既是也是的形式。”心理学家埃德加·鲁宾（Edgar J. Rubin, 1886—1951）发现了这个拼图，一个人只可以识别出花瓶或是酒杯的轮廓，或者只可以看出两张脸的样子。两种感觉都是可能的也是“真实”的——但却不是同时的。

外部视角意味着，我们以外在的方式感知我们周围的世界，感知人类同胞以及我们自己。外部视角具有极其重要的生命价值，它恰好对应我们紧握的手，并且已经嵌入到我们生存的世界结构之中。行为是二元的：我抓住或者我没有抓住；我拥有或我没有；一个事物除掉另一个事物。我们对现实的感知也是二维的：存在或不存在。我们片段化的思维和概念性的语言，都是在这个以行动为导向的世界中发展起来的。因此，我们的思维是二元的对和错，我们的逻辑也是二元的是或否。这种二元的分类方案并不需要与真实的现实结构相对应，对我们而言它的首要意义是支持我们的行动，并帮助我们生存下来。然而，外部的经验只有通过自发的认知（证据）才能最终成为内在的经验。在一个瞬间，你听到内心的一个声音说：“就是这样！是的，我明白了！”只有此时外部的经验才真正成为内在的经验。没有东西是可以被认知的，没有东西是有型的、可掌控的，一切最终都通往经验，它是我们通过辨认个人的运动而确认的真实体验，是超越二元的。这种不可分割的内在视角下不允许二元的区分。没有知识，也没有无知。我们最多可以说，智慧是徘徊在两者之上的外部认知的模糊印记。而这种模糊并不会因为缺乏清晰度而失去意义，正是这种模糊开启了感知形式的可能性：亲密、意义和价值。

然而，我们对现实的认知因外部观点的极端性而变形：真实与否？从整体上来说，真实（可以说是“真实的”现实）更为笼统，它并不一定需要这种有生命价值的二元性。真实可以更开放，可以用“既……也……”的方式来解读而不失去其确定性。我们缺乏能够表达这种形式的语言，因为语言主要用在外部视角中。我们可以通过手指或伸开手掌进行抚摸，逐步感受物体的“形象”，模拟这种“既……也……”的感知方式。这种整体性的“既……也……”感知也同样出现在我们的批判理性的概念中。作为一种多元的、并列的结构，综合地模仿物体真实的形态，却无法体现其完整性。

在西方历史上，外部视角和内部视角作为两种不同的态度，进行着卓有成效的互动。它们体现在知识和信仰的区分中。理性主义和后来的启蒙运动加深了这种划分，并宣称二元的外部视角是反映现实的唯一真实的结构。外部视角是科学胜利的基础，它教会我们如何为了实现自己的利益操纵世界，并系统地发展知识，使其成为统治人与自然的工具。知识成为力量的手段不再是智慧的来源。我们的思维特性（“如果一件事是正确的，那么它的对立面不可能是正确的，所以它一定是错误的”）已经引起了很多的冲突和争端，发动了毁灭性的战争，并给人类带来了巨大的痛苦。

另一方面，现代物理学告诉我们，现实的结构与从我们的行动和知识中发展起来的、认为我们与生命世界直接可及的、占据主导地位的二元结构完全不同。我们认为普遍有效的二元外部视角的这种有效性是有限的，它只是一个更深刻的现实的变态形象，而现实的特征只有通过内在视角才能更加忠实地呈现出来。

我们对现实的体验其实比我们通过科学知识获得的经验更为丰富。这对于有神秘经历或宗教经历的人来说是显而易见的。然而，当我们想到艺术可以通过各种形式向我们传达许多经验时，这种理解就变得更加普遍。当我们被一些难以理解但直接影响我们的东西所感动时——我们用爱、忠诚、信任、安全、希望或美丽等词语描述这些东西，我们会更加密切和全面地意识到这一点。相比之下，自然科学取得的令人印象深刻的进步，特别是在启蒙运动中的进步，巩固了人们的希望，让我们相信理论上这个世界上的一切最终都可以被人类所认知，迄今为止我们无法了解的部分仅仅是因为它们拥有更大的复杂性，超越了我们的理性见解。

上帝之类难以理解的事物比四维体更难以理解，但它们具有的一个共同点，那就是我们无法想象它们的特征。与四维体的4个不同的三维投影一样，上帝和先验通过世界上不同的宗教呈现在我们面前。他们的语言不通，而我们在争论究竟哪一种圣言包含了真相。尽管他们的语言中有些部分是不一致的，但如果我们能够从更高的维度观察，那么就会发现这些可能都是正确的。不同宗教和文化的共存正是我们所迫切需要的。不同的宗教和文化之间不仅要相互包容，更应该彼此平等尊重，并一同尝试猜测处于不同具体表达形式背后的更高层次的含义。

原教旨主义建立在这样的基础上——一个人选出一个投射，并声称它是唯一正确的投射，然后驳斥并打击地球上所有其他的文化。原教旨主义不仅仅存在于某些世界宗教，今天的自然科学也倾向于原教旨主义，因为客观与可衡量被认为是掌握世界本质和认识真实世界的唯一途径。人们忽略了一点：科学地观察世界只代表了一种体验的角度。

我想知道为什么会出现生命和存在的恐惧，尤其是在基督教的背景下。很明显的是，在我解放自己的同时，我对生活的焦虑也在增加。因为当我解放自己时，如果我没有同时加强与其他人的联系，孤独就会吞噬我。在这种寂寞中，我寻求安全感——结果是只有当我控制了自己所有生活的关系时，我才感到安全。而另一个早期的观点是：在一个更大的整体中，当你认为它不是与你相对而是跟你是一体时，你会感到安全。这是对这个世界的一个非常不同的想法。

人们曾经认为大自然是与我们对抗的力量。但这并非因为人们不得不把自然作为对手，而是因为人们主要从自然那里受益。严格地说，自然没有被视为单一的对抗力量，而是多种对抗的力量，这样更符合日常经验。来自人类的力量与人类感知的世界中同样多样化的力量彼此对抗且保持平衡，这种认知的结果就是一个有神的世界：他们不仅扮演了给予者的角色，还扮演着惩罚者的角色，然后神明会说如果你不是我们想要的那样，我们就会摧毁你。

基督教与早期的犹太教和后来的伊斯兰教相同，强调人的精神，超越自然的精神提升被认为是重要的，这与放弃男女之间的伙伴关系并汇入族长社会的结构密切相关。精神的整体结构在一神教中可见一斑。基督教对上帝的概念主要是取自于男性形象，通过放弃现有的秩序以创造新事物。相比之下，我们必须建设性地将我们自身以及我们的活动融入到多样化的创造和互动中，这样的观点则更为女性化。随后，这个男性化的形象鼓励人们以一种更具话语性、对抗性，而非共情性的合作形式来看世界。

超越的经验

那么，新的世界观如何与我们所谓的“超越”联系起来，就像宗教中作为神明或上帝的个人经验而到处宣传？从一个新的角度来看，正如前文已多次提到的，现实是潜在的，它代表了所有人的共同点，每个人据此立足，为此而生。这种说话方式会产生误导，因为谈到“一切”则再次暗示将整体分为几个部分。潜在的本质是它不是（真实的）现实。作为一种关系，我们无法了解这种潜在性，只能体验它，经历它。如果我们想了解它们，我们就会摧毁它们。

因此，在我们的概念思维框架内，关于生活意义的问题是没办法提出来的。“部分”的含义总是只在与背景的联系中出现，部分不可分割地存在于整体之中，从这个整体之中不能提取出任何部分。意义是什么这个问题本身就是不被允许的，因为这样一来它就从它所栖身的整体中分离了出来。无论如何，生命的意义不是开放的，因为诸如物质的某些部分，或者分离的信息（比特），此类不连贯的事物纵使以更复杂的方式累积和相连，却永远不可能形成一种意识、一种自我，不可能突然间说出“我思故我在”，并问起自身存在的意义和“生命”的意义。意义问题总是要求更高的层次，我们不能通过巧妙地连接或“出现”来到达这种层次。意义从一开始就存在于整个系统中：意义来自个体的关系，来自与背景（只是从结构上的区分）的联系。在对这种关系的经历中，我们遇到了宗教。

创造，从形态学角度上来说，发生在实现可能性现的一瞬间。这也是“现在”的片面含义。为什么我只能体验到“现在的瞬间”而不是过去的又或者是将来的呢？因为事物的过去只能被认为是一个潜在可能性的形态，作为一种可能性，而在那个瞬间，这种可能性突然地硬化结痂。它合并起来，成了事和物，然后成为一个“事实”（它是被动“合成”的）、一份文件，我认为这是令人印象深刻的体验。固定不变的东西不再是活着的状态了。从现在开始，它是确定的、可触碰的、可被经典理论描述的，或者是我们理解成的样子。所以我总是深入研究这种潜在性，将自己沉浸在预兆之中，并试着通过这种方式提出新的观点，然后试着用语言表达并执行它们。这是种令人激动的体验，我们将其称之为生活。

信仰和知识、宗教和科学都是非常重要的，而且从某种角度来说，它们是我们全面认识世界所需要的相辅相成的元素。在这个更宽阔的环境里，信仰已经从只是用来解释“未知”事物的替补角色中解放出来。在新的世界观下，可知的经验会遇到原则的限制，信仰从而重拾其重要性以及它独特的价值。

人类与自然——为何与整体有关

科学已不再能代表客观，因为孤立和碎片化已经被证明是错误的方向。与此相对的是，今天我们知道宇宙的本质就是统一性。由此可知人类与自然的分离只是出于我们的想象。当人类与自然相连时，意味着我们可以把自然当作老师，而不仅仅是没有生命的“无聊”的形式。我们必须为自己找到全新的生活方式，而眼下的情形恰好相反：我们正经历着结构性暴力的急剧扩张，它以经济因素为主，并包含了政治因素。地缘政治、社会文化和经济权力战略，全球化市场经济的无限扩张以及它们对生产力的压榨，威胁并破坏了我们地球的空间和物质限制。这种无节制、欠考虑的文明化的破坏性影响，在人类的生存、社会与自然的关系、甚至个体之间的相互关系中，都是显而易见的。更具威胁性的是对生态环境多样性的破坏在不断加剧，这种生态多样性在地理历史上是独一无二的。

我们今天面临的即将压倒我们的重重危机，正是我们人类与自己所生活的世界的关系在精神层面上出现了危机的表现。因为我们拒绝接受科学所揭示的革命性的、扩展的现实特征，无论是其形式还是其后果。而这要求我们对基本的可知问题保持谦虚。如果新的物理学告诉我们，未来从本质上来说就是不可预测的，并且自然不是机器，那么这就意味着所有以过时的世界观为导向的社会和经济结构都要受到质疑。

我们必须拓宽思路，并且从根本上纠正我们当下的行为。这时，新物理学革命性的扩展的见解恰好可以提供有力的帮助。新物理学表明，从本质上来说，一个人就像其他所有事物一样，从来都不是孤立的。渺小如他，但如果一旦被放进充满联系的整体中，也能衍生出无穷的变化以及丰富的意义。我们的个人行为能够影响整个社会形态，能够改变不断变化着的有生命的现实的潜在性。因此，个人的独特性是我们的集体文化的进化过程中不可或缺的一部分。我们需要以一种新的思维方式，从更广泛的角度来重新理解我们的现实。在这种思维方式中，我们应该将自己理解为编织成生活的纤维，我们身在其中而不必牺牲任何人类的特质。我们应当了解，就像其他的一切事物一样，我们与这个奇迹般的地球生物圈中的参与者与分享者紧密相连，不可分离。

同情和手腕

为了将新思维转化为新行动，必须发展一套全新的互相适应的公共机构、个人以及社会制度。我们必须放弃狭隘的、机械的战略模式，并用灵活性、开放性和同理心取代缩减和平均，为创造和行动开辟新的空间。正是这种人与人之间，人与其生存环境之间的动态互动才是产生繁荣的真正源泉，也正是这种互动促使人类不断进步。

从富有同理心的人身上，一个新的却又已经为我们所知的人类形象显现出来。我们不应该因为人类文明日常生活中的对抗和扭曲而误入歧途。我们作为人类而存在就是一种明证，表明我们也是从持续了数十亿年的进化中脱颖而出的佼佼者。我们的自信并非没有依据，我们创造了新的知识并依此采取行动，在许多方面获得了活力和繁荣。我们可以依靠这种力量发挥作用。而万物之间皆有的联系，也就是从生命中萌芽的，我们可以称之为爱的东西，是构成我们和其他一切事物的基础。

人能够根据自己的主观意愿行动，这是生物进化上的一个新奇之处。因而人可以将自己从依靠生物本能行动的模式中解放出来。但人类在自己的故事中夸大了这种解放。启蒙思想为此做出了许多贡献，它主张大部分自然规律及其时间性的发展都可以被理性认知并被抽象成严格的自然法则。以此为基础，这种思想最终发展成认为自然是可理解的，我们可以基于我们掌握的知识以及现实的状况来准确地预测未来。这进而为我们提供了一种可能性，即原则上来说，运用我们的智慧，我们可以根据我们的意愿塑造未来。然而，具有创造力的人类并没有办法适应一个固定的，由一定的法则决定了运动规律的世界，因为这样一来人类也是被这些法则所支配，而不是像自己认为的那样——作为支配者而存在。

因此，必然会形成这样的印象：人类的存在在很大程度上是脱离了自然的，因此人类实际上可以在造物的游戏中做更多的事情，而不只是简单地进行被动创作。我认为正是这种观念使人与自然分离，并使人陷入与自然对抗的境地。现代科学对世界结构和自然规律的研究结果将我们引向一种截然不同的世界观，而这种世界观不再要求人与自然分离。我们必须意识到，人类是这种创造的不可分割的一部分，这一观念一直为所有宗教的解释系统所共有。世界不再被视为独立的部分间复杂的相互作用，而是一个在本质上单一的、不可分割的整体。世界上的一切——物质和生物——并不是由许多不同的、独立的东西组成的，而是从同一事物不断异化而来。因此，生命始于同一，并在联系中发展。

尽管我们可以尽我们所能地将自己从自然的约束中解放出来，却永远无法脱离这种共同性。我看到一幅这样的景象，大海在风暴中变得愈发躁动不安，波涛汹涌，海浪翻滚，激起层层的泡沫。我把自己想象成浪尖白色的泡沫，环顾四周，对自己说："我在这个世界上独自一人，但那边的浪尖也有一个白色泡沫，海水正将我们彼此相连，但以我的'智慧'来看，我与其他人则是完全分离开的了。"我认为自己是一个几乎自主的系统，独自存在于一个甚至可以由自己操控的大环境中，却没有看到我只是漂浮在数千米深的海洋上的泡沫，海洋将一切事物互相联系在一起，是所有泡沫的载体。这个所谓独立的泡沫思考的问题不是"我如何被动地适应这样一个整体结构"而是"我如何根据自己的意愿设计我所处的环境"。

当然，这样的问题在很大程度上是虚幻的，是彻头彻尾荒谬的。相信自己可以随心所欲地处理自己的生存基础，完全按照自己的意愿，通过自己的方式调整它们，是一种多么幼稚的想法。这是典型的西方的生活方式。由于破坏程序远比构建程序更容易设立，所以迄今为止我们总是高估了自己的建设性能力。如果进一步观察这个世界，我们将会看到，虽然这种傲慢的态度将我们孤立，但我们取得的短暂的成功已经树立了榜样，其他人则越来越想效仿这种方式看待并操纵世界。

致命的是，在这种观念下，我们否认那些将我们与世界上的其他东西或其他人联系起来的一切。一方面，我们不能孤立地生活，而另一方面，我们只是将连接和关系用作权力和统治的工具。因为我们习惯于仅仅从操纵者的角度来看待现实，所以我们试图让一切处于自己的控制之下，并确保一切都为我们所用。对我而言，在大约5000年前开始发展时就已经迈出了这样的一步，只是在工业化中以极端的形式表现了出来，它并不能代表人“真正”的本质。重商主义、货币经济学等伴随着日益增长的自我意识出现的产物，为了短期的成功，不是将自然看作是人类的同伴，而是为了自己的利益利用自然和现实。军事介入尤其如此。所有成熟的东西都被粗暴地击溃了。人们发现了其他的文化并将其摧毁，使它们成为自己的文化并让它们为自己所用。他们已经开始了一场胜利的游行并且还未停止。即使在今天，我们所宣传的仍然是：征服地球！毕竟只有敢于想象，我们才能获得更多，实现更多，不断前进！呼吁洞察力和克制被视为缺乏敢于接受新事物的勇气，而不是理性的表达。为了取得短期成功的行为阻碍了认知和重新定位。

当我们观察小孩时，我们会惊喜地看到人之初时所具有的巨大的发展潜力。然而，每个社会都在将人民教育成社会所需要的样子。如果我们真的想要人们和平、合作、善解人意、有爱心，那就可以轻松做到。当然，这只能在平均的状态下实现，而不是在纯粹的文化中，因为总是存在对立的情形，并且在某些紧张情况下，它会一次又一次地突破平均的状态。这种平和状态的人类也不能满足我们的竞争型经济的需要。它需要富有侵略性的人，手腕强硬的人，知道如何坚持自己、发展新需求、并不断要求更多消费以获得经济成就的人。因此，我们从童年开始就在速度、自信、果敢，而不是在体贴、合作、谅解、集体精神方面最大限度地发挥自身优势。

我们的经济实际上是要实现达尔文主义，弱肉强食，而不是就像自然中的高级生命形式成功地展示的那样，做一场游戏，一场加分游戏，一场双赢的游戏，其中一方的优势也会对另一方有利。因此，尽管科学提供了许多加速技巧，但也绝对不可能在短短的35亿年的时间内，创造出像人类这样的一个赌博式的简单氨基酸的组合过程中形成的新的复杂的生物体，而它在发展中选择了总和为零的游戏——我的优势，你的劣势。

一个总和增加的游戏就像是写一首好诗。如果字母“a”与“b”就谁先出场，谁更优秀，谁是更好的字母或更重要的元音或辅音而争吵不休，直到一方被排除出局，那结果将是毁灭性的。然而如果两者都能认识到什么能够互补，然后彼此合作，或许在“l”的帮助下，形成第一个“bla-bla”，那么这个词语结构表达的含义将远远超越了每个单独的字母。

世界即诗歌

同样，在歌德（Goethe）（图4.7）的一首诗中，人们起初只认识这些并排的单个字母。然而，通过巧妙地在不同层次中融入某些有序结构和某些字母序列，人们可以为这些字母序列“命名”并仔细推敲。字母组合只有在构成单词时存在意义，单个的字母是毫无意义可言的。在组合的过程中，我发现了一种新的价值，一个新的信息。现在，当我把这些单词连成一行时，我得到了一个具有全新意义的句子，并且这些句子共同构成了一个意义更加丰满的小节。如此层层递进，环环相扣，这首诗就成了一个不可分割的整体，只有了解结尾才能更好地理解开头。从这首诗中提取出一部分，并从其他精妙的书籍中取出一部分填入这个空缺，这样简单粗暴的方式并不能割

人类的界限[①]

Johann Wolfgang von Goethe	Qlszmm Dloutzmt elm Tlvgsv	
Grenzen der Menschheit	Tivmavm wvi Nvmhxsivrg	
Wenn der uralte,	Dvmm wvi fizogv,	当人向上升起
Heilige Vater	Svrortv Ezgvi	并以头顶
Mit gelassener Hand	Nrg tvozhhvmvi Szmw	触摸星辰，
Aus rollenden Wolken	Zfh iloovmwvm Dlopvm	不稳的脚底
Segnende Blitze	Hvtmvmwm Yorgav	即无处贴附，
Über die Erde säht,	:Fyvi wrv Viwv H:zg,	风云随即
Küss ich den letzten	P:fhh rxs wvm ovgagvm	与他起舞。
Saum seines Kleides	Hzfm hvrmvh Povrwvhl,	
Kindliche Schauer	Prmworxsv Hxszfvi	
Treu in der Brust.	Givf rm wvi Yifhg.	
[...]	[...]	

图4.7　第一版和第二版之间没有区别
原作中歌德诗歌的开头以及反转字母（a = z，b = y 等）的运用。

① 此处是一首德语诗，引用了现有的译本。

裂这首诗。（但这就是我们今天用于基因操纵的方法。我们以一种深刻的秩序进行整体干预，这种秩序内部在高度维度时彼此之间能够非常巧妙地协调）

约翰·沃尔夫冈·冯·歌德

如果我把这首诗写下来并说："这是一首宝贵的诗。"这样对我而言并没有什么帮助。我需要具备德语知识并且同时知道歌德是一位著名的德国诗人。如此一来，推敲这首诗歌更深层的意义才是值得我为之付出努力的。但是，如果有人不懂德语，那么他只会看到歌德诗中客观上比较明显的内容，即具有一定规律性的字母出现频率和连续性。字母的顺序可以通过它们的概率和不可能性进行计算，同时可以用数字来标记这首诗，例如，确定这些字母一定不可能存在的排列方式，以确定这首诗的"可客体化"价值。通过将A与Z交换，B与Y交换，依此类推，我可以通过镜像诗中字母表中的字母来模拟这种理智的客观考虑因素。现在，会说德语也提供不了任何帮助了。但是，就符号的积累与排列的客观品性而言，它们的概率以及不可能性在上下文中经过字母替代后也并未发生改变，因而它们的客观"价值"也没有改变。也就是说，从科学或经济上进行考虑和估测，第一和第二版本之间没有区别。

对我而言，歌德的这首"字母镜像"诗可以作为一个看待外部世界的绝佳例子。我们以生物的多样性为例。与诗歌中的字母、符号和分隔符相比，自然界中的生物种类是多么浩瀚！我们的结论是：上帝就是这么由着性子创造了万物。为什么有些物种数量多，有些物种数量少呢？这对于“字母镜像”又意味着什么呢？答案非常简单：某些字母很少出现，而有些则频繁出现，双字母则很罕见，而且只在极少的情况下才会用到。我们从中摸索规律，并且尝试用一套理论去解释它。而在诗歌和自然界中，多样性都明显起着重要的作用，但我们对它的理解非常不充分，甚至可以说是一无所知。

这种缺乏理解就是我们作为拥有分析思维的人类，却表现出我们必须改进、整合和统筹世界的样子。我们已经充分了解到什么是重要的，什么是不重要的。然后我们就可以用另一种方式写这首被细致整理过字母出现率的诗歌（图4.8），这对我们来说是可控的。

aaaaaaa
ä
bbb
ccc
ddddddddd
eeeeeeeeeeeeeeeeeeeeeeeeeeeeeeee
ggg
hhhhhh
iiiiiiiiii
kkkk
llllllllll
mm
nnnnnnnnnnnnnn
oo
rrrrrrrrrrr
ssssssssssss
tttttttt
uuuuuu
üü
v
ww
zz

图4.8　整体的意义因为我们的缺乏理解而消失
歌德诗歌第一节中字母的出现频率。

如果我们现在把所有的“n”都找出来，那么就可以把这首诗写下来，这就是人类强于自然的地方。

但是更深层次而整体的意义则因为我们的缺乏理解和由于缺乏理解所产生的错误解释而消失了。这就是当我们要从根本上去改变这个我们只能在有限程度上能够感知的世界时必须要谦虚的原因，因为我们冒着破坏世界和自己日常生活与进步告别的风险。

容许误差与创造力

就像之前所说的那样，人们为了某些特定的工作去“训练”的情况已经越来越少了，更多的是每个人都按照适合自己的方式去发展。这也意味着将来教育也会和以前常见的教育完全不同。

人们不是完全都由社会塑造而成的，每个人从出生时多少都会有些天赋。

因此我们相信，每个人都是独一无二的，所有人都是与众不同的。我们必须洞悉这一点，并以此与他人互相配合，从而提高自身的适应性。适应性是高等生物面对将来的挑战最需要的特质，它们不需要针对特定情况进行优化，而是应该根据将来未知的情况进行优化，从而应对未来的各种可能。

我们需要的并不是“新人类”这样的新物种来满足我们的需求。我们需要的只是为新事物在人类社会中腾出空间，让人们去接受它，仅此而已。为此，我们需要新的教育方式来促进合作、参与和创作。毕竟只有创造力才能使人们从千篇一律的日常中走出来。我们必须帮助那些富有创造性的人和智人，朝着最佳的方向发展，以达到我们的最终目的：让生活变得生机勃勃！我们想要活在一个每个人都可以进行创作，同时也不必冒着动摇历经35亿年所形成的稳定环境的风险的世界。作为生物圈中的一份子，我们有责任认识到生态环境中的不稳定性并且努力维持它的动态平衡。阿尔伯特·爱因斯坦针对原子弹（我再补充一个，核电站！）的观点是正确的，他说老鼠永远不会造出捕鼠器。换句话说，我们的科技需要接纳那些偶尔犯错的创作者。因为他今天犯下的错误也许会让明天拥有更多的可能性。这意味着生活需要观点开放，思维灵活，这是最高层面的生机勃勃的生活，它可以解决我们的各种问题。

现实不一定如我们所见，它充满了可能，并且我们身在其中，我们修改和重新设计它。如果我们将这种更加开放的现实视为一种未来的愿景，我相信我们一定可以一同实现这个愿景。

附录

关于汉斯彼得·杜尔

汉斯彼得·杜尔1929年10月7日出生于斯图加特，当代最重要的思想家之一，也是国际环境与和平运动的发起者。他在斯图加特学习物理学后，于1956年在加利福尼亚大学伯克利分校在爱德华·泰勒导师的指导下获得了博士学位。1962年，他从美国返回后，在慕尼黑大学取得了大学授课资格。1958—1976年，汉斯彼得·杜尔跟随维尔纳·海森堡进行科学研究，维尔纳·海森堡是量子力学的创始人以及诺贝尔物理学奖获得者。之后汉斯彼得·杜尔继承了海森堡的事业，领导慕尼黑的马克斯·普朗克研究所以及维尔纳·海森堡研究所，并为之奋斗了将近20年，直到1997年退休。之后他做为客座教授去了加利福尼亚州的伯克利和印度的马德拉斯（Madras）。

20世纪80年代以来，汉斯彼得·杜尔一直参与环境与和平运动。他于1987年创立了全球挑战网络（GCN）。同年，他被正确生活方式奖基金会

（Right livelihood foundation）授予诺贝尔替代奖，以表彰他对战略防御计划（SDI）的深入批评以及他为和平利用先进科技所做的工作。此外，汉斯彼得·杜尔所属的科学和研究关键国际组织普格瓦时（Pugwash）于1995年获得诺贝尔和平奖。杜尔是罗马俱乐部的成员，并于2007年加入世界未来理事会，担任理事会成员。

生平荣誉

1956年获得梅丽特奖，奥克兰，美国；

1987年正确生活方式奖（诺贝尔替代奖），斯德哥尔摩，瑞典；

1989年瓦德玛-冯-可倪林根奖，慕尼黑，德国；

1990年生态奖——金燕子奖，达姆施塔特，德国；

1991年那图拉·欧布力盖特奖牌，慕尼黑联邦武装部队大学，德国；

1993年埃利斯与瓦尔特·汉斯国际奖，加利福尼亚大学，美国；

1996年慕尼黑之光金奖牌，慕尼黑文化奖，德国；

2002年荣誉博士学位，奥尔登堡大学哲学系，德国；

2004年德意志联邦共和国联邦功绩勋章的大十字勋章，柏林，德国；

2007年慕尼黑市荣誉市民，慕尼黑，德国；

2008年商业伦理奖，国际人类价值协会，奥斯汀，美国。

出版图书

专著

物理学家的网络. 汉斯出版社，1988.

从科学到伦理. 阿尔宾米歇尔图书馆，科学，1988.

尊重自然—— 对自然的责任. 皮派出版社，1994.

未来是一条未经开发的道路. 合德出版社，1995.

未来能源政策（合著）. 经济学刊出版社，1995.

上帝，人与科学（合著）. 帕特洛赫出版社，1997.

写给民间社会. dtv，2000.

我们经历的远胜于我们认识的（合著）. 赫尔德光谱，2001.

现实，真理，价值观和科学（合著）. BWV，2003.

甚至科学也只用比喻来说话. 赫尔德光谱，2004.

波茨坦宣言和备忘录2005（合著）. 余柯姆出版社，2006.

生命脉搏——摆脱依赖的方法（合著）. RH出版社，2006.

爱——宇宙的起源（合著）. 赫尔德出版社，2008.

编著

量子和场（编著）. 维维格出版社，1971.

基本粒子的统一理论（编著）. 斯普林格出版社，1982.

维尔纳·海森堡著作合集（合编）. 9卷，皮派出版社和斯普林格出版社，1985—1993.

物理与卓越（编著）. 施尔茨出版社，1986.

精神与自然（编著）. 施尔茨出版社，1989.

环境限制下的经济（合编）. 议事出版社，1995.

鲁伯特·希尔德瑞克的研讨（合编）. 施尔茨出版社，1997.

生命的元素（合编）. 灰色版，2000.

什么是生命？（合编）. 世界科学出版社，2002.

附图1　对生活充满好奇
在很小的时候，汉斯彼得·杜尔就对自然科学产生了非常浓厚的兴趣。然而，实际上他只是在战争年代（1941）之后才将自然科学作为自己的职业。

附图2　“我的母亲是这个家庭的核心。”
伊娃（Eva）和鲁伯特·杜尔（Rupert Dürr）博士及她的孩子们（左起）：汉斯彼得，克里斯塔（Christa），玛格丽特（Margarethe），鲁伯特（Rupert），伊娃玛利亚（Eva-Maria）和安娜丽丝（Anneliese）（1935）。

附图3　抵达纽约
杜尔在轮渡上的回忆："船上的生活长到足以令你爱上它。"（1953）

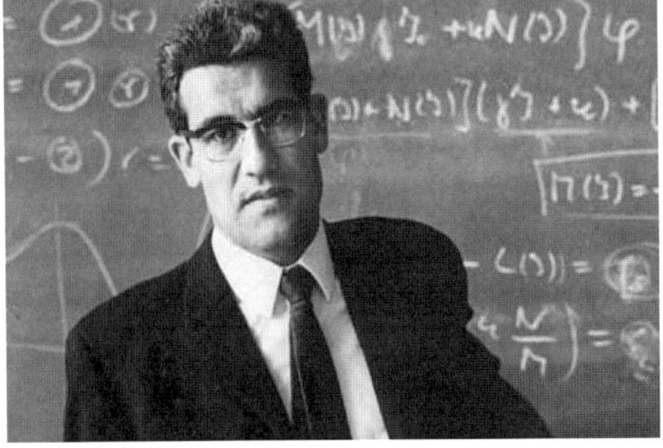

附图4　伯克利，加利福尼亚
从爱德华·泰勒那里开始演算推导复杂公式和博士论文，为汉斯彼得·杜尔在未来对和平，正义和完整自然产生广泛责任心奠定了基础（1957）。

附图5　新婚之喜

1956年10月，汉斯彼得·杜尔与美国人卡罗·苏·杜哈姆（Carol Sue Durham）结婚。

她不仅很快将成为四个孩子的母亲（罗斯玛丽，迈克尔，卡罗琳，彼得）（Rosemarie, Michael, Carolyn, Peter），并且直到今天她依旧致力于和平运动与生态环保运动。

附图6　美国梦

曾经开着凯迪拉克横穿美国。汉斯彼得·杜尔以一种非常简单的方式实现了这个梦想：他将汽车从一个海岸转移到另一个海岸。就是图中这辆车（1956年）。

附图7　在印度的会议
在他的蜜月期间，汉斯彼得·杜尔会见了生物学家兼法律学家同时任印度第一任总理的贾瓦哈拉尔·尼赫鲁（Jawaharlal Nehru）（1956年）。

附图8　一等奖
梅丽特奖（Award of Merit）——他获得的第一个奖，其后他又获得了众多奖项。这位年轻的博士生汉斯彼得·杜尔由于他在加利福尼亚大学国际学院的优异表现而受到表彰（1956年）。

附图9　无法忘记的导师

在物理学家和诺贝尔奖获得者维尔纳·海森堡的带领下，汉斯彼得·杜尔沉迷于量子力学的天地里。两人之间长达数天的研究会谈充满传奇色彩（20世纪60年代）。

附图10 “我整天都在思考物理。”
从美国回来后，汉斯彼得·杜尔主要以科学家的身份进行科学研究。他后来才开始讨论社会问题。

附图11 在家中的花园里
与朋友一起漫步、跳舞并且和家人一起在花园里放松一下，或者一起演奏音乐（20世纪70年代中期）。

附图12　诺贝尔替代奖

汉斯彼得·杜尔（图中左一）1987年于斯德哥尔摩获得正确生活方式奖（诺贝尔替代奖），以表彰他对战略防御计划（SDI）及其“使先进技术可用于和平目的”的深入评析。

附图13　朋友间的意见互换

在整个维茨赛克家族（Weizsäcker-Familie）中，汉斯彼得·杜尔与前联邦总统理查德·冯·维茨赛克（Richard von Weizsäcker）在一起，联结了长达十年的友谊（20世纪80年代末）。

附图14　为共同利益而努力

2004年，汉斯彼得·杜尔获得了德意志联邦共和国联邦勋章的大十字勋章。前联邦内政部长奥托·西里（Otto Schily）在进行部长活动前与汉斯彼得·杜尔进行了热烈的思想交流。

附图15　抵达慕尼黑

他是他的家乡最重要的公民之一。慕尼黑市长克里斯蒂安·伍德（Christian Ude）在演讲中强调了荣誉公民汉斯彼得·杜尔在生态反思和参与公民社会的承诺中所做出的贡献（2008）。

图片来源

图1.1 雨果·维尔纳（Hugo Werner），斯图加特市档案局

图1.2 劳伦斯利佛摩国家实验室（Lawrence livermore National Laboratory），维基公共媒体

图1.3 汉娜·阿伦特，布鲁谢尔文学信托（Bluecher Literary Trust）

图1.4 图片联盟/德意志新闻社（dpa）

图2.1 汉斯彼得·杜尔档案

图2.2 尼尔斯·波尔档案，哥本哈根

图2.3 图片联盟/akg

图2.4 美国导弹防卫局（United States Missile Defense Agency)，维基公共媒体

图2.5 汉斯彼得·杜尔档案

图2.6 图片联盟/德意志新闻社/德新社网页

图2.7 图片联盟/联合文档（united archives）

图2.8 图片联盟/德意志新闻社/德新社网页

图3.1 图片联盟/kpa

图3.2 本杰明·库珀利（Benjamin Couprie），索尔维国家物理协会（Institut International de Physique de Solvay），维基公共媒体

图3.3 汉斯彼得・杜尔档案
图3.4 屋维・格拉芙（Uwe Graf），汉斯彼得・杜尔档案
图3.5 屋维・格拉芙（Uwe Graf），汉斯彼得・杜尔档案
图3.6 屋维・格拉芙（Uwe Graf），汉斯彼得・杜尔档案
图3.7 图片联盟/德意志新闻社
图3.8 全球挑战网络联盟

图4.1 汉斯彼得・杜尔档案
图4.2 汉斯彼得・杜尔档案
图4.3 福伦汀・科特（Florentine Kotter），汉斯彼得・杜尔档案
图4.4 爱思博穆勒 (Esperm ü ller) / CCC, www.c5.net
图4.5 因内丝・索博达（Ines Swoboda），余柯姆出版社
图4.6 私有图片，余柯姆出版社
图4.7 私有图片，余柯姆出版社
图4.8 私有图片，余柯姆出版社

附图1–11 汉斯彼得・杜尔档案
附图12 正确生活方式奖基金会
附图13 汉斯彼得・杜尔档案
附图14 BMI/绿森林
附图15 汉斯彼得・杜尔档案